Ao caro amigo
José Reis, mando ao Senhor
que sempre o dirige e
guarde.

Ceccelli

Londres, 3-1-73

**LEIA, ESTUDE E
DIVULGUE AS OBRAS
DA LAVRA DO MÉDIUM
CHICO XAVIER.**

CONHEÇA OUTRAS OBRAS DO AUTOR:

- SOB AS CINZAS DO TEMPO (DIDIER)
- DO OUTRO LADO DO ESPELHO (DIDIER)
- NA PRÓXIMA DIMENSÃO (LEEPP)
- INFINITAS MORADAS (LEEPP)
- A ESCADA DE JACÓ (LEEPP)
- FALA DR. INÁCIO (LEEPP)
- POR AMOR AO IDEAL (DIDIER)
- FUNDAÇÃO EMMANUEL (LEEPP)
- NO LIMIAR DO ABISMO (LEEPP)
- OBSESSÃO E CURA (DIDIER)
- CARTAS DE DR. INÁCIO AOS ESPÍRITAS (LEEPP)
- REENCARNAÇÃO NO MUNDO ESPIRITUAL (LEEPP)
- AMAI-VOS E INSTRUÍ-VOS (LEEPP)
- TERRA PROMETIDA (DIDIER)
- ESTUDANDO "NOSSO LAR" (LEEPP)
- SAÚDE MENTAL À LUZ DO EVANGELHO (LEEPP)
- ESPÍRITOS E DEUSES (LEEPP)
- A VIDA VIAJA NA LUZ (LEEPP)
- TRABALHADORES DA ÚLTIMA HORA (DIDIER)
- JESUS E O ESPIRITISMO (LEEPP)
- O JUGO LEVE (LEEPP)
- O PENSAMENTO VIVO DO DR. INÁCIO (DIDIER)

Livraria Espírita Edições "Pedro e Paulo"
Site: www.leepp.com.br - E-mail: leepp@terra.com.br
Telefone (34) 3322-4873
Av. Elias Cruvinel, 1.202 - Boa Vista
CEP 38070-100 - Uberaba (MG)

editora
DIDIER

CASA EDITORA ESPÍRITA "PIERRE-PAUL DIDIER"
Site: www.editoradidier.com.br - E-mail: didier@terra.com.br
Telefone (17) 3426-8590
Rua Leonardo Commar, 3.179 - Bairro Pozzobon
CEP 15503-023 - Votuporanga (SP)

No Princípio era o Verbo...

por Carlos A. Baccelli / Inácio Ferreira

Copyright© 2012 by
Livraria Espírita Edições "Pedro e Paulo"

Revisão Gramatical: Editora LEEPP
Capa: Paulo Moran | Diagramação: Marcos Ferreira

Copyright© 2012 by

Livraria Espírita Edições "Pedro e Paulo"
Av. Elias Cruvinel, 1.202 - Boa Vista
38070-100 - Uberaba (MG) - Tel. (34) 3322-4873
Site: www.leepp.com.br - E-mail: leepp@terra.com.br

1ª Edição • Do 1º ao 10º milheiro.

Junho de 2012

Os direitos autorais deste livro foram doados às obras assistenciais da Livraria Espírita Edições "Pedro e Paulo", Uberaba (MG).

. . .

Impressão:
LIS Gráfica e Editora Ltda.
Rua Felício Antônio Alves, 370
CEP 07175-450 - Guarulhos (SP) - Brasil
Tel.: (11) 3382-0777
E-mail: lisgrafica@lisgrafica.com.br
Site: www.lisgrafica.com.br

Impresso no Brasil
Printed in Brazil

Carlos A. Baccelli
Inácio Ferreira

No Princípio era o Verbo...

Livraria Espírita Edições "Pedro e Paulo"
Av. Elias Cruvinel, 1.202 - Boa Vista
38070-100 - Uberaba (MG) - Tel. (34) 3322-4873
Site: www.leepp.com.br - E-mail: leepp@terra.com.br

- Junho de 2012 -

Dados de Catalogação na Publicação
(Preparados pela Editora)

Ferreira, Inácio (Espírito).
    No Princípio era o Verbo... / Inácio Ferreira ;
[psicografado por] Carlos A. Baccelli. -
Uberaba, MG : Livraria Espírita Edições "Pedro e
Paulo", 1ª Edição - 2012.

1. Espiritismo   2. Psicografia
I. Baccelli, Carlos Antônio.   II. Título.

CDD-133.93

Índices para catálogo sistemático:

1. Comunicação mediúnica : Espiritismo   133.93
2. Escritos psicografados : Espiritismo   133.93

No Princípio Era o Verbo...

"No princípio era o Verbo, e o Verbo estava com Deus, e o Verbo era Deus."

João, cap. 1, v. 1

O Espiritismo é a mais lídima expressão do Verbo Divino, que, gradativamente, vem se revelando à Humanidade.

Desde as épocas mais remotas, a palavra da Verdade tem soado aos ouvidos humanos, na tentativa de acordar os homens para as realidades da Vida Imortal.

Bramanismo, Druidismo, Zoroastrismo, Taoísmo, Budismo, a filosofia de Sócrates e Platão e outras congêneres, tocadas, mais tarde, pela excelsa luz do Cristianismo, são manifestações do mesmo Pensamento-Diretor que tange os espíritos nas estradas sem fim da Evolução.

Surgindo em meados do século XIX, a Doutrina Espírita, além de ser, pois, a revivescência do Cristianismo, é também o desdobramento da Verdade que, em todos os tempos, sempre esteve acessível aos interessados em seu conhecimento.

Não nos iludamos, portanto. Se a Doutrina Espírita, na atualidade, representa a nossa mais avançada concepção do Verbo Divino, que, através dela, nos soa com maior nitidez à compreensão, **simplesmente, não passa de ser o berço de novas e mais altas luzes, que sempre haverão de brilhar nos horizontes da Terra para que toda a treva se dissipe.**

Neste singelo livro que o Senhor nos permitiu alinhavar agora, nada pretendemos a não ser continuarmos, à luz da Fé Raciocinada, em nossa incessante busca, para que, finalmente, sob o amparo do Evangelho, possamos atinar com a essência daquilo que somos, construindo, em definitivo, o Reino de Deus em nossos corações!

Inácio Ferreira

Uberaba – MG, 1º de janeiro de 2012

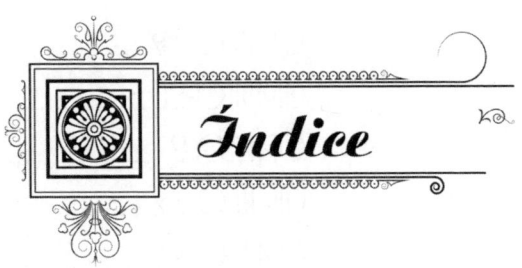

Índice

NO PRINCÍPIO ERA O VERBO... 7
CAPÍTULO 1 11
CAPÍTULO 2 19
CAPÍTULO 3 26
CAPÍTULO 4 33
CAPÍTULO 5 40
CAPÍTULO 6 48
CAPÍTULO 7 56
CAPÍTULO 8 63
CAPÍTULO 9 71
CAPÍTULO 10 79
CAPÍTULO 11 87
CAPÍTULO 12 95
CAPÍTULO 13 103
CAPÍTULO 14 111
CAPÍTULO 15 118
CAPÍTULO 16 126
CAPÍTULO 17 134
CAPÍTULO 18 142

CAPÍTULO 19	150
CAPÍTULO 20	158
CAPÍTULO 21	166
CAPÍTULO 22	174
CAPÍTULO 23	182
CAPÍTULO 24	190
CAPÍTULO 25	198
CAPÍTULO 26	206
CAPÍTULO 27	214
CAPÍTULO 28	222
CAPÍTULO 29	230
CAPÍTULO 30	239
CAPÍTULO 31	248
CAPÍTULO 32	257
CAPÍTULO 33	266
CAPÍTULO 34	275
CAPÍTULO 35	283
CAPÍTULO 36	292
CAPÍTULO 37	301
CAPÍTULO 38	310
CAPÍTULO 39	319
CAPÍTULO 40	327

CAPÍTULO

1

Mais uma vez, por sugestão de nossa irmã Domingas, nos reunimos no Hospital dos Médiuns para estudarmos importantes aspectos de nossa Doutrina.

Inicialmente, o grupo, um tanto reduzido, estava composto por ela – Domingas –, Odilon, Modesta, Manoel Roberto, Paulino e por mim.

O propósito era um estudo ligeiro sobre alguns tópicos do livro "A Gênese", o 5º livro do Pentateuco, que a confreira alegava não entender muito bem.

— Sempre tive dificuldade com "A Gênese" – ponderou. – Creio que me informaram mal a respeito do livro, dizendo que a sua leitura e compreensão apenas seriam possíveis a quem possuísse algum conhecimento na área científica.

— Não é verdade – aparteei. – A obra em questão é acessível a quem se disponha a estudá-la com atenção. É claro que nela existem abordagens de caráter um pouco mais complexo, mas nada que não possa ser entendido com o auxílio de um dicionário ou de alguém com um pouco mais de experiência.

— Agradeço a vocês, principalmente ao senhor, Doutor, e ao Dr. Odilon, pela sua disponibilidade em nos auxiliarem no estudo que vamos começar...

— Domingas – falou Modesta –, todos nós agradecemos, inclusive, minha irmã, pela sua iniciativa. Confesso que eu também apenas consegui fazer uma espécie de leitura dinâmica de "A Gênese" – os primeiros capítulos, de fato, são de mais complexa abordagem...

— E eu – disse Manoel Roberto –, nem abri o livro...

— Pois é, Manoel, você perdeu um tempão... Falta de insistir para que você estudasse não foi.

— Doutor, eu sempre tive dificuldade com Química, Física, Biologia...

— Você sabia fazer contas de somar para saber quanto iria receber no fim do mês, não é?!

— Claro, Doutor! Dependurado como eu vivia...

— De minha parte – observou Paulino –, não tenho vergonha de dizer que só conheço o livro de nome... Corrigindo: conhecia! Porque lá no "Liceu" o estudo de "A Gênese", como de todas as obras da Codificação, faz parte do programa. Quando encarnado, conforme sabem, o meu contato com o Espiritismo, infelizmente, foi muito pequeno.

— Então, vamos lá – redargui. – Odilon, você poderia começar nos dando algumas notícias do livro...

— Por ordem de lançamento, que obedeceu a projeto da Espiritualidade Superior, "A Gênese" é o último volume que integra o Pentateuco – os 5 livros básicos da Doutrina: "O Livro dos Espíritos", "O Livro dos Médiuns", "O Evangelho Segundo o Espiritismo", "O Céu e o Inferno" e, finalmente, "A Gênese". Lançado a 1º de janeiro de 1868, foi, por assim dizer, o "canto do cisne" do Codificador, que viria a desencarnar em 31 de março de 1869, quando, incansável, já estava trabalhando noutra obra relacionando o Espiritismo ao Magnetismo.

— Diga-se de passagem – aparteei o amigo –, os Espíritos que orientavam Kardec insistiram para que ele se apressasse no lançamento da obra... Àquela altura, o seu quadro de saúde, embora os seus apenas 64 janeiros, era delicado. Em 1866, portanto, três anos antes de ocorrer o seu desenlace, o Dr. Demeure, segundo se pode ler em "Obras Póstumas", recomendava a ele: *"Enfraquecendo-se diariamente a saúde do Sr. Allan Kardec, devido ao excesso de trabalho que é mais do que ele pode suportar, vejo-me na necessidade de lhe repetir o que já lhe disse inúmeras vezes: Tendes necessidade de repouso; as forças humanas têm limites que o vosso desejo de ver progredir o ensino vos leva muitas vezes a transpor. Estais errado, porque, assim agindo, não apressais a marcha da Doutrina, mas arruinais vossa saúde, ficando materialmente impossibilitado de terminar a tarefa que viestes cumprir neste mundo".*

— O extremo devotamento é próprio dos grandes espíritos! – exclamou Modesta, com acerto.

— Doutor – acrescentou Odilon –, "A Gênese" já estava sendo escrita desde 1867, porque, também em "Obras Póstumas", vamos nos deparar com um comunicado do mesmo Dr. Demeure, dizendo ao Codificador: *"Primeiramente duas palavras sobre a obra que está no seu início. Como já dissemos tantas vezes, é urgente pô-la em execução sem perda de tempo e apressar o mais possível a sua publicação".*

— Ué! – exclamou Domingas. – Ao mesmo tempo em que aconselha repouso, o Dr. Demeure pede a Kardec que se apresse...

— É assim mesmo, minha filha – comentei. – Os Espíritos Superiores, como a gente costumava dizer na Terra, "batem e sopram"...

— Interessante – informou Odilon – é que as obras de autoria de Kardec já eram ansiosamente aguardadas pelos leitores. As três primeiras edições se esgotaram em, praticamente, dois meses! Em 22 de fevereiro de 1868, o Codificador já estava cogitando de uma 4ª edição...

— E o Dr. Demeure – falei –, consultado por Kardec a respeito de uma revisão que pretendia fazer na obra, voltou a lhe dizer, em aparente contradição: *"Esta revisão é um trabalho sério e aconselho-vos a não esperar muito para começá-lo. É melhor estar pronto antes da hora do que terem de esperar por vós. Sobretudo não vos apresseis".* Repararam?!...

— Em 4 de julho de 1868 – esclareceu Odilon –, o Dr. Demeure, em nome da Falange do Espírito da Verdade, escreveu (tudo indica que através do Sr. Desliens, um dos médiuns da maior confiança do Codificador): *"Hoje vos incitarei a rever com cuidado sobretudo os primeiros capítulos, nos quais todas as ideias são excelentes, não contendo senão verdades, mas onde certas expressões poderiam prestar-se a uma interpretação errônea. Salvo estas retificações, que vos aconselho a não negligenciardes, porque, quando não podem atacar as ideias, voltam-se contras as palavras...".*

— *"Quando não podem atacar as ideias"?...* – repetiu Domingas, pausadamente.

— *"... voltam-se contra as palavras..."*! – completou o Diretor do "Liceu".

— Tenho a impressão de que conheço essa história!... – retrucou Domingas, reticente.

— E eu, idem! – endossou Paulino.

— Assim como – prossegui – a publicação de "O Evangelho Segundo o Espiritismo", em 1864, foi importante para a natureza ética da Doutrina – para a sua natureza religiosa! –, "A Gênese" foi importante para o seu caráter científico, reafirmando o seu tríplice aspecto: Ciência, Filosofia e Religião!

— Para mim – observou Modesta –, esta unificação de conhecimentos, aproximando a Fé da Razão, é o que há de mais revolucionário no Espiritismo – é o que sempre lhe dará essa condição de modernidade, porque, sem dúvida, até então, Religião e Ciência eram aspectos da Verdade inconciliáveis!

— Muito bem colocado – concordou Odilon. – Sinceramente, eu não sei como, neste sentido, Kardec pode continuar sendo ignorado pelos estudiosos do mundo, porque ele encarnou a Fé Raciocinada, escrevendo que fé verdadeira é aquela que pode encarar a razão, face a face, em todas as épocas da Humanidade!

— A questão, meu caro, conforme você sabe, continua sendo de preconceito... As religiões ortodoxas não cedem espaço e não abrem mão do poder! Infelizmente, no mundo, os interesses materiais continuam falando mais alto...

— Até quando, Doutor?! – inquiriu Manoel Roberto.

— Até quando do advento da "grande dor", da qual, não sendo Nostradamus e nem nada, prevejo que a Humanidade não escapará – porque os fatos nos demonstram que, a cada dia, sob o ponto de vista moral, o homem parece se degradar...

— Quanta injustiça! Quanta corrupção!...

— Segundo estimativas, somente o tráfico de drogas movimenta cerca de 500 bilhões de dólares anuais! – frisei. – Mas este é assunto de que trataremos noutra oportunidade.

— Voltando a falar sobre "A Gênese" – retomou Odilon a palavra –, na Introdução que escreveu para a sua 1ª edição, Kardec afirma: *"Dois elementos ou, se o preferem, duas forças regem o Universo: o elemento espiritual e o elemento material; da ação simultânea destes dois princípios nascem fenômenos especiais que são naturalmente inexplicáveis, se se faz abstração de um dos dois, da mesma forma que a formação da água seria impossível se fossem abstraídos um de seus dois elementos constitutivos: o oxigênio e o hidrogênio".*

— O *elemento espiritual* como sendo o elemento causal, não, Doutor?! Inclusive do *elemento material*?!...

— Exatamente – elucidou Odilon. – Em outras palavras, podemos dizer que tudo é *espírito*, pois a matéria é efeito, e não causa.

— Inclusive – ponderei –, alguns cientistas, a exemplo de alguns místicos, têm tido a coragem de afirmar que *"não existe nada senão Deus"*! Um deles, o Dr. Amit Goswami, tem escrito que *"a consciência é a base de toda existência, inclusive da matéria e do cérebro, e a ciência deve ser fundamentada nessa metafísica, e não na metafísica materialista tradicional."*

— A Ciência moderna está caminhando na direção da Doutrina, não lhes parece?! – perguntou Modesta.

— Sim, não há dúvida. Mas, por conta disto, não devemos nos enfatuar... O Espiritismo tem algo a oferecer à Ciência, mas a Ciência também tem o que oferecer ao Espiritismo!

— Aliás, Doutor, se me permite, Kardec chegou a dizer que o Espiritismo haveria de ser científico, ou não sobreviveria...

— Correto, Domingas, mas justamente aí é que mora o perigo: Jesus Cristo deve ser o "Centro" de nossas mais altas e nobres aspirações! O homem evolui para ser como Deus, e não para ser Deus!...

CAPÍTULO

2

Na próxima semana em que nos reunimos, antes de dar início aos nossos estudos sobre "A Gênese", como de costume, pedimos a Manoel Roberto que proferisse ligeira oração.

— *Divino Mestre* – orou o companheiro com poucas palavras –, *solicitamos a Tua inspiração e a Tua presença, através daquelas entidades espirituais que Contigo cooperam em prol de nosso esclarecimento... Que possamos, Senhor, com o Teu auxílio, assimilar as lições que a Verdade nos transmite, com o propósito de colocá-las em prática em nossas vidas, aprendendo, sobretudo, a amar os semelhantes, qual sempre nos amaste e amarás sempre. Assim seja!...*

— Manoel – disse eu –, enquanto você fazia a prece, não pude deixar de pensar na importância de sempre estarmos em conexão mental com os Planos Superiores, de onde toda a luz se derrama...

— Eu também, Doutor – comentou Domingas –, pensei que, se, na Terra, o homem fosse mais companheiro da oração, de espírito assim pacificado, ele erraria muito menos – desenvolveria mais a sua percepção das coisas espirituais e viveria em maior sintonia com o Alto...

— Domingas – observou Odilon com precisão –, se Jesus, nosso Mestre e Senhor, sentia a necessidade de orar...

— Jesus também orou! – exclamou Modesta.

— Sim, e em várias oportunidades – tornou o Diretor do "Liceu". – Não apenas no Monte das Oliveiras, quando se aproximava o momento de seu maior testemunho...

— *"Meu Pai, se não é possível passar de mim este cálice sem que eu o beba, faça-se a tua vontade."*!

— Uma prece tão simples, não é, D. Modesta, mas tão profunda?!

— Exatamente, Domingas! – concordou a companheira a qual fizera a citação que se encontra inserida no Evangelho de Mateus, capítulo 26, versículo 42.

— Também em Mateus – aduzi –, no capítulo 11, versículo 25, nos deparamos com uma das orações que o Senhor formulou a Deus: *"Graças te dou, ó Pai, Senhor do Céu e da Terra, porque ocultaste estas coisas aos sábios e entendidos, e as revelaste aos pequeninos."*!

— Impressiona-me o fato de Jesus orar – falou Paulino. – Ele, cuja vida, praticamente, já era uma oração!

— Pois é, meu filho – redarguiu Odilon –, e nós, espíritos extremamente imperfeitos, desprezamos o valor da prece! Quantas e quantas vezes não nos julgamos dispensados de orar!...

— Ou, então, Odilon – comentei –, achamos que a prece nada resolve, porque, em nossa estreita visão, não apresenta resultados imediatos. Não compreendemos que o objetivo da oração, em essência, é movimentarmos dentro de nós as forças divinas que jazem em estado de latência...

— Se o homem orasse com maior frequência, ele se espiritualizaria mais rápido!

— Muito bem, Manoel – alegrei-me com a definição do companheiro que, neste Outro Lado, fazia tão evidentes progressos.

— Jesus, a cada instante – prosseguiu Domingas –, nos exortava à oração... Certa vez, dirigindo-se aos discípulos, disse-lhes: *"A seara na verdade é grande, mas os trabalhadores são poucos. Rogai, pois, ao Senhor da seara que mande trabalhadores para a sua seara."*!

— Também, no instante do Calvário – endossou Modesta –, estando prestes a expirar, "clamou em alta voz": *"Pai, nas tuas mãos, entrego o meu espírito!"*.

— O Cristo, no entanto – interveio Odilon –, não somente orou como, igualmente, nos ensinou a orar... Foi a pedido dos Apóstolos que Ele proferiu a oração do "Pai Nosso", que, por assim dizer, há quase dois mil anos, tem sido o luzeiro da fé de todos os cristãos.

— Ai de nós, se não fosse o "Pai Nosso"! – exclamou Domingas, pronunciando as indeléveis palavras: *"Pai, santificado seja o teu nome; venha o teu reino; o pão nosso cotidiano dá-nos de dia em dia; perdoa-nos os nossos pecados, pois também nós perdoamos a todo o que nos deve. E não nos deixes cair em tentação."*

— Quão proveitoso é o estudo, não?! – concluiu Paulino, externando felicidade. – Estamos reunidos para comentarmos sobre "A Gênese", começamos a falar sobre a oração e...

— Pois é, meu filho, se Adão e Eva tivessem orado quando submetidos à tentação pela serpente, provavelmente, a história teria tido outro desfecho... Estando, porém, no Jardim do Éden, achavam que não precisavam orar mais!

— Doutor, a sua observação é, deveras, curiosa: quase sempre, o homem se lembra de orar a Deus apenas depois do desastre consumado!

— Odilon, tendo eu já a curiosidade de consultar o Antigo Testamento, justamente no livro de "Gênesis", no capítulo 9, versículo 25, Noé, antes de abençoar o nome do Senhor, profere maldição contra Canaã – primeiro amaldiçoou os semelhantes, depois orou!...

O pessoal esboçou um sorriso e, com "A Gênese" nas mãos, concitei:

— Se a gente não começar a tecer alguns comentários sobre o 1º capítulo deste livro do Pentateuco, falando um pouco sobre os "Caracteres da Revelação Espírita"... Por favor, abram aí os volumes que vocês têm à sua disposição. Seria, reconheço, um tanto fastidioso fazer a leitura de todo o capítulo...

— No entanto, Doutor – aparteou Odilon –, seria o ideal...

— Sim, mas o nosso intuito é o de um estudo ligeiro da obra, para nossa maior elucidação dos temas que aqui são tratados, como também para os nossos irmãos encarnados, aos quais, quando oportuno, pretendo apresentar um resumo de nossos comentários e reflexões.

— Os livros da Codificação – tornou o amigo –, não obstante, necessitam ser meditados, parágrafo a parágrafo... É bom que o senhor, Doutor, em suas anotações, faça este destaque.

— Sem dúvida, sem dúvida.

— Em minha opinião, os grupos de estudo deveriam se reunir para efetuar uma leitura de cada obra...

— Estudarem sem pressa, não é, Doutor?!

— Nem que, por exemplo, levassem cinco anos para chegar ao fim de um livro... Sendo proveitoso, o estudo de uma única obra proporciona esclarecimentos que, na maioria das vezes, muitos não conseguem, lendo dezenas de livros!

— A qualidade do estudo?...

— ...supera a quantidade, Manoel – respondi ao companheiro.

— Neste capítulo I, "Caracteres da Revelação Espírita", o tema apresentado por Kardec é tão substancioso, que a gente não sabe nem por onde começar – a rigor, nenhum parágrafo pode ser suprimido! Mas, já que o objetivo é de síntese, eu gostaria de trazer uma frase para as nossas reflexões.

— À vontade, Odilon.

— *"Numa palavra, o que caracteriza a revelação espírita é que sua origem é divina, que a iniciativa pertence aos Espíritos, e que a sua elaboração é o resultado do trabalho do homem".*

— Modesta – perguntei –, o que você acha?

— Que a iniciativa pertence aos Espíritos, mas não a espíritos como nós, não é?!

— A sua observação é sutil! – exclamei, sorrindo. – Por tal motivo, minha cara, é que, quando desejo me referir a Espírito Superior, eu escrevo a palavra Espírito com **E**, reservando o e minúsculo para nós!

— Por que a origem do Espiritismo é divina?! – indagou Paulino. – Não seria presunção?! Toda religião diz que a sua origem é divina...

— Para Kardec, a conotação é outra – explicou Odilon. – O Espiritismo é de origem divina porque é um conjunto de Leis Naturais que foram reveladas aos homens – a Doutrina estuda as Leis da Criação! Não há qualquer sentido sectário na definição de Kardec.

— E o Espiritismo – tornou o pupilo do Diretor do "Liceu" – revelou aos homens todas as Leis da Criação Divina?...

— Boa, meu rapaz! – intervim. – Óbvio que não! Agora, ao dizer isto a um espírita ortodoxo, você precisa ter muito cuidado – de preferência, estar preparado para falar e sair correndo...

— Eu gostaria – ponderou Domingas – de dar ênfase a que a elaboração da Revelação Espírita *"é o resultado do trabalho do homem"*... Seria do trabalho de Kardec e dos médiuns?

— Não, Domingas – respondeu Odilon, antecipando-se. – Esta questão é de suma importância para os nossos comentários. O trabalho de Kardec, como pesquisador, foi tão ou mais decisivo que a participação dos médiuns! Sem a genialidade do Codificador, talvez o Espiritismo não tivesse passado da fase das "mesas girantes"!...

— Os espíritas encarnados – continuei – não podem, e não devem, ficar tudo esperando dos desencarnados! A Ciência Espírita carece de se desenvolver! O trabalho de estudiosos como Gabriel Delanne, Ernesto Bozzano, William Crookes e outros, no passado, foram de suma importância para a consolidação da Doutrina.

— É aquilo que você tem dito, não é, Inácio?! O Espiritismo precisa ser *pensado*...

— Sim, conforme sabemos, os Espíritos Superiores nos inspiram, todavia é da Lei que eles não nos tragam tudo pronto! No capítulo XXV, de "O Evangelho Segundo o Espiritismo", o Codificador escreveu: *"Não, os Espíritos não vêm isentar o homem da lei do trabalho: vêm unicamente mostrar-lhe a meta que lhe cumpre atingir e o caminho que a ela conduz, dizendo-lhe: Anda e chegarás."*!

CAPÍTULO

3

— Outro ângulo que precisa ser considerado – continuei –, e vocês hão de concordar comigo, é que, na condição de desencarnados, praticamente habitantes da esfera imediata à Crosta, os nossos conhecimentos são ainda bastante limitados...

— De fato – asseverou Odilon –, estamos distantes de maiores vislumbres da Verdade: somos detentores de relativas informações, porque a nossa condição espiritual não difere tanto da condição de nossos irmãos na experiência física...

— É preciso coragem para dizer isto! – exclamou Domingas. – Inclusive, muitos médiuns relutariam em *filtrar* este depoimento oriundo dos espíritos que por eles se expressam!

— Não – disse eu –, mais do que de coragem, a questão, minha cara, é de honestidade!

— Concordo, Inácio – endossou Modesta. – Por que não haveríamos de assumir a *humanidade* que ainda nos caracteriza?! Tanto quanto os companheiros que mourejam no corpo carnal, estamos sujeitos a equívocos... Os Espíritos diretamente envolvidos na codificação da Doutrina não pertencem ao nosso Plano – por assim dizer, os seus autores intelectuais, integrantes da Falange do Espírito da Verdade, residem em Dimensões Superiores!

— Daí, com certeza, às vezes sobre o mesmo assunto, certas opiniões contraditórias, não é?!

— Exatamente, Manoel – enfatizei. – Por exemplo: um dos Espíritos mais atuantes em "A Gênese", Galileu Galilei, que viveu nos séculos XVI e XVII, um dos maiores cientistas que a Humanidade conheceu, escreveu através de Camille Flammarion, o médium de sua maior afinidade na "Sociedade Parisiense de Estudos Espíritas": *"Aos que estejam religiosamente desejosos de conhecer, e que sejam humildes diante de Deus, direi, rogando-lhes, todavia, que não baseiem nenhum sistema sobre as minhas palavras..."*.

— Aproveitando o assunto, Doutor – emendou Odilon –, ainda dentro deste capítulo I, "Caracteres da Revelação Espírita", podemos falar sobre a "Concordância Universal do Ensino dos Espíritos".

— Sim, mas, antes, permita-me destacar o que o próprio Kardec fez questão de frisar, evidenciando o caráter naturalmente dinâmico da Doutrina: *"em nenhuma parte, o ensino espírita foi ministrado de maneira completa...*". Ao que me concerne, diria: em nenhuma parte, o ensino espírita foi ou é ministrado de maneira completa! O Espiritismo ainda não está concluído! A Revelação é gradativa!...

— Doutor, isto é perfeitamente lógico! Em "O Livro dos Espíritos", considerando que o Espiritismo é a "ciência do infinito", Kardec pontificou: *"... o estudo do Espiritismo é imenso; liga-se a todas as questões da metafísica e da ordem social; é todo um mundo que se abre ante nós."*.

— Que maravilha! – exclamou Domingas, circunspecta.

— O Espiritismo, então, não pode ser uma doutrina "engessada"?!...

— Não e não! – repliquei de maneira instantânea. – Mil vezes, não!...

— Aprecio esta veemência do senhor, Doutor.

— Mas o nosso Paulino tocou numa questão fundamental – sublinhei. – Você não acha, Odilon?

— Sem dúvida – respondeu o Instrutor. – O Espiritismo, segundo Kardec, surgiu para combater o materialismo e a ortodoxia...

— A ortodoxia que, segundo André Luiz, por Chico Xavier, costuma ser *"o cadáver da revelação"*! O Espiritismo não nasceu para ser mais um "ismo"... Trata-se de uma doutrina de vanguarda, que, sob pena de não cumprir com o seu desiderato, não pode repetir os mesmos equívocos das religiões tradicionais. No mundo moderno, não haverá espaço para a religião que não comungar com a ciência! Aliás, vocês me perdoem, mas a palavra "religião" carece, também, de ser repensada... Os Espíritos disseram a Kardec que o Espiritismo é a Ciência do Espírito! Claro, teve que ser sistematizado, todavia ele está em a Natureza! Nos Mundos Superiores, o Espiritismo sequer nome tem – ele existe como expressão livre do pensamento!

— Doutor, sobre a questão da "Concordância Universal do Ensino dos Espíritos"...

— Que é um tema delicado e complexo! – exclamei.

— Precisamos – prosseguiu Odilon – efetuar algumas reflexões. Por exemplo: os espíritos, quase em todas as culturas, sempre ensinaram a verdade da Reencarnação – no Hinduísmo, no Budismo, no Cristianismo dos tempos apostólicos...

— Entre os gregos e os egípcios – citei. – Talvez tenha sido entre os egípcios, com a chamada Metempsicose, uma das primeiras manifestações de crença na pluralidade das existências!

— Portanto, Doutor, eis a concordância, porém, com uma "discordância" dentro dela: em geral, os espíritos não concordam sobre os processos da Reencarnação! Neste sentido, ninguém se aprofundou tanto quanto o Espiritismo...

— Mormente, se me permite dizer, com o advento de Chico Xavier e sua extraordinária obra psicográfica! "Missionários da Luz", de André Luiz, encerra notável contribuição ao mais amplo conhecimento dos homens em torno dos mecanismos da Reencarnação.

Acompanhando a reencarnação de Segismundo, André formula importante indagação a Alexandre: — *"O que vimos, porém, com Segismundo é regra geral para todos os casos?"* Poucos são, infelizmente, os que meditam na elucidativa resposta do Mentor: *"De modo algum, os processos de reencarnação, tanto quanto os da morte física, diferem ao infinito, não existindo, segundo cremos, dois absolutamente iguais"*.

— E também, Inácio – comentou Modesta –, nem todos os espíritos estão de acordo com a Reencarnação – muitos chegam a duvidar de que ela realmente exista!

— Sim, no mesmo capítulo de "Missionários da Luz", André Luiz se refere a espíritos que retornam ao corpo, em nova existência, totalmente inconscientes... Em "Cartas de Uma Morta", de Maria João de Deus, obra que sempre apreciei bastante pelo seu conteúdo revelador, a autora nos diz textualmente: *"... conheci inúmeros companheiros, que duvidavam dos ensinamentos dos mestres quando se referiam aos pretéritos longínquos; e alguns deles me asseveravam não poderem admitir a multiplicidade das existências das almas"*.

— Doutor – concluiu Paulino –, baseados nisto, podemos considerar que a "Concordância Universal do Ensino dos Espíritos" é relativa...

— Sinceramente, tenho esta opinião – respondi.

— Além do mais – esclareceu Odilon –, precisamos levar em consideração algo de grande importância: a questão da *filtragem mediúnica*...

— E dos interesses em jogo, meu caro – enfatizei. – Você sabe tanto quanto eu que, à época de Kardec, o personalismo entre os médiuns era menor e... não existia a Internet!

— O que o senhor quer dizer com isso, Doutor?! – questionou-me Domingas.

— À época da Codificação, a "concordância" era espontânea, porque, sem fácil contato uns com os outros, os médiuns ignoravam, entre si, o que os Espíritos estavam transmitindo por seu intermédio... Hoje, dificilmente, um médium se dispõe a ser instrumento para confirmar a informação que tenha vindo através de outro! É mais provável, inclusive, pela incompreensível competição reinante entre eles, que se façam instrumentos de contestação mútua!

— O Inácio tem razão – falou Modesta. – Não sei, mas os médiuns sempre nutriram certa rivalidade entre si... Quando eu estava encarnada, esta rivalidade era menor, mas também existia!

— Que estrago pode fazer o personalismo, não é?! – aparteou Domingas. – Posso dizer a vocês que companheiros de mediunidade, às vezes, me rotulavam de obsedada...

— Que falta de ética! – exclamou Paulino.

— Você me desculpe, meu filho, mas isto é muito mais que falta de ética – às vezes, é falta mesmo de um certo rubor na face... Você entendeu?

O pupilo de Odilon sorriu desajeitado e o Diretor do "Liceu" falou, retomando a palavra:

— A "Concordância Universal", aludida pelo Codificador, em termos de revelação de natureza mediúnica, hoje careceria de ser revista...

— Opinião corajosa, Odilon! – exclamei.

— Vejamos os fatos. Infelizmente, o Espiritismo, na atualidade, se concentra em terras brasileiras...

— À exceção de Portugal – observei –, onde, deveras, o Movimento é promissor!

— Não desconsiderando o heroico esforço de grupos isolados na Inglaterra, França, Canadá, Suíça, Estados Unidos da América do Norte, Colômbia, Cuba...

— São grupos, porém, que ainda se encontram em fase de estruturação – grupos pioneiros, lavrando o terreno para a promissora colheita do porvir! São grupos nos quais, compreensivelmente, os médiuns estão na fase inicial do adestramento de suas faculdades.

— Com base nisto, Dr. Odilon?...

— Com base nisto, Domingas, a "Concordância Universal" praticamente inexiste, porque, se assim posso me expressar, passou a se resumir em "Concordância Nacional"...

— Eu quase diria "Regional", Odilon!...

— Mas – redarguiu Manoel Roberto –, a mediunidade não está no mundo todo?

— Está – respondi –, no entanto, pelos próprios espíritas, a mediunidade exercida fora da Doutrina é considerada *antidoutrinária*! Arre! Eta palavrinha que me provoca urticária!...

CAPÍTULO

4

— Você ouviu falar, Manoel – perguntei ao amigo –, de um médium chamado Daskalos, cognominado "o Mago de Strovolos", cuja biografia foi escrita por Kyriacos C. Markides?!

— Meu Deus! – exclamou Domingas. – O senhor agora deu para falar grego, Doutor?!

— Exatamente, minha cara. O seu nome verdadeiro era Spyros Sathi, desencarnado em 1995. Ele foi um sensitivo extraordinário!

— Espírita?!

— A mediunidade não pertence ao Espiritismo, Domingas!

— Daskalos, que nasceu em Chipre, enxergava e conversava com os espíritos e era excepcional médium de cura, de desdobramento...

— Fazia exorcismo! No Brasil, teria sido queimado por um pessoal que é especialista em acender fogueiras...

— Ele foi muito perseguido e, como todo médium, sofreu bastante – informou Odilon.

— Se ele não era espírita?...

— Era um médium *antidoutrinário*, Manoel – completei. – Só que Daskalos não estava nem aí para isto...

— Aproveitemos, no entanto, para discorrermos um pouco mais sobre este assunto que, para mim, é sempre apaixonante: Mediunidade! Creio que não estaremos nos afastando de nossos estudos de "A Gênese", já que o tema da "Concordância Universal do Ensino dos Espíritos" veio à baila.

— Ótimo! – exclamou Domingas sempre interessada.

— A mediunidade está em tudo – tudo é mediunidade, intermediação! A Criação é um ato de natureza mediúnica, no qual o Criador se fez médium de Si mesmo, na vontade de Criar! A mediunidade, para mim, está comprovada cientificamente.

— Como?! – indagou Manoel.

— Veja você: segundo a Física Moderna, um elétron é influenciado por outro... Toda partícula tem a sua antipartícula! A mudança de sinal em uma delas, no que os físicos chamam de "spin", determina a mudança de sinal em outra.

— A este fenômeno – aduzi – Carl Gustav Jung, discípulo de Freud, chamou de "sincronicidade"!

— Exatamente – um nome científico para "mediunidade"! No fundo, "sincronicidade" é sintonia!

— "Sincronicidade" é o termo utilizado para explicar ocorrências, ou fenômenos, que independem do tempo e do espaço...

— Peço a vocês não complicarem muito – solicitou Domingas –, pois, caso contrário, não conseguirei sustentar "sincronicidade"...

— Os cientistas hoje estão admitindo – prosseguiu Odilon – que "todas as ocorrências são resultado de mudanças em alguma parte do Universo", demonstrando que tudo está inter-relacionado.

— Dr. Odilon – desculpe-me –, mas aonde o senhor está querendo chegar?! – perguntou Modesta que, até então, permanecera em silêncio.

— Que a mediunidade é uma questão muito mais abrangente do que se pensa! Ela é atemporal e "não-local"!...

— Perdi a "sincronicidade"!... – gracejou Domingas.

— Você vai achá-la! – devolvi o gracejo. – Preste atenção. Por exemplo: um desencarnado que entra em contato com um encarnado, está noutra dimensão de tempo e de espaço! Os espíritos que estão acima de nós...

— Sei...

— ...em relação a nós, não estão em diferente dimensão de tempo e de espaço?

— Estão!

— Compreendi, Inácio! – exclamou Modesta. – Na condição de médium, muitas vezes, eu sentia isto... O espírito comunicante estava e, ao mesmo tempo, não estava presente.

— Aliás, nem você sabia de que lado estava, não é, Modesta?!

— Às vezes, não sabia mesmo – concordou a medianeira. – Como tudo isto é complexo!

— Então, falando sobre "Concordância Universal" – retomou Odilon o assunto –, os pensamentos estão aí – todos os pensamentos estão aí, à disposição de quem seja capaz de captá-los!

— E, muito dificilmente, entre dois médiuns a *filtragem* será a mesma! Quase sempre, concordarão no "atacado", mas discordarão no "varejo"... Sintonia ou "sincronia" perfeita, que, até agora, por sobre a Terra surgiu, foi apenas entre Jesus e Deus: *"Eu e o Pai somos um!"*

— No livro "Instruções Psicofônicas", obra-prima da mediunidade de Chico Xavier, há uma comunicação, do espírito de Teresa d'Ávila, que ilustra o que estamos comentando. Antes da mensagem propriamente dita, o espírito de José Xavier, explicou aos presentes: *"Esforcemo-nos por entrelaçar pensamentos e preces, por alguns minutos, pois receberemos, na noite de hoje, a palavra,* **distanciada embora***, de quem há sido, para muitos de nós, um anjo e uma benfeitora. Nosso grupo, em sua feição espiritual, deve permanecer atento. Neste instante, aproximar-se-á de nós, tanto quanto possível, a* *grande Teresa d'Ávila e, assim como um grão de areia pode, em certas situações, refletir a luz de uma estrela, nosso conjunto receber-lhe-á a mensagem de carinho e encorajamento,* **através de fluidos teledinâmicos**". (o destaque é do autor espiritual)

— "Fluidos teledinâmicos"?! – interrogou Domingas.

— O pensamento a se propagar em "ondas", através do incomensurável! – procurei esclarecer.

Fiz pequeno intervalo e aduzi:

— Minha cara, do ponto de vista físico, entre encarnados e desencarnados, *estar perto* sempre significa *estar muito longe*! Compreendeu?! Entre a Terra e a dimensão espiritual mais próxima existe um abismo!

— Agora, através do pensamento?...

— Estamos, prezada Modesta, embora não *saibamos* disto, todos interligados – uns aos outros e a Deus!

— Doutor – questionou-me Paulino com vivacidade –, será que o que existe entre uma dimensão e outra é o chamado *"buraco de verme"*?...

— Literalmente! – respondi sorrindo. – O túmulo é mesmo um "buraco" de vermes, não é?!...

— Voltando ao tema da Mediunidade – atalhou Odilon –, creio que seja importante insistirmos na questão dos pensamentos que estão por aí, passíveis de serem "acessados" pelos que, com eles, estabelecem conexão...

— Emmanuel, prefaciando o livro "Nos Domínios da Mediunidade" – aparteou Domingas –, escreveu que: *"Cada criatura com os sentimentos que lhe caracterizam a vida íntima emite raios específicos e vive na onda espiritual com que se identifica.*

"Semelhantes verdades não permanecerão semiocultas em nossos santuários de fé. Irradiar-se-ão dos templos da Ciência como equações matemáticas"!

— Desculpem-me pela nova intromissão – falei –, mas o sensitivo italiano, Pietro Ubaldi, em uma de suas obras, comenta a respeito das "correntes de pensamento"...

— O livro, o terceiro de sua lavra, se intitula "As Noúres" – completou o Diretor do "Liceu".

— Ubaldi era espírita? – questionou Paulino.

— Não – tomei a iniciativa de responder. – Aliás, entre alguns adeptos da Doutrina, há certa resistência às obras de sua autoria.

— O importante, no entanto – ressaltou Odilon –, é que a chamada "Concordância Universal" extrapola o âmbito da Doutrina!

— Muito bem lembrado, meu caro! – exclamei. – Quando os Espíritos da Codificação "concordaram" entre si, ainda não havia Espiritismo na Terra! Para que haja "concordância", não necessariamente os comunicados carecem de ser obtidos em nossos arraiais doutrinários! E mais: no que tange, por exemplo, à Reencarnação, não foram as mais antigas filosofias reencarnacionistas que "concordaram" com o Espiritismo, mas o Espiritismo é que "concordou" com elas!...

— Hummm!... – resmungou Domingas como quem, naquele justo momento, acabasse de ter um *insight*.

— Todavia – insistiu Odilon –, deixem-me ir ao âmago da questão: o Conhecimento Pleno, como sendo a máxima expressão da Verdade, que, em essência, existe no Pensamento Divino, jaz oculto apenas àquelas mentes que não logram acessá-lo... O que quero dizer é que a mediunidade depende do médium!

— No livro recentemente lançado pelo nosso amigo – procurei frisar –, "Chico Xavier, o Médium dos Pés Descalços", Chico fala a respeito disto: *"Que se aperfeiçoe o violino, e o artista encontrará nele as mais amplas facilidades de expressão. Sem cooperador habilitado, a tarefa surge deficiente. A mediunidade, em si,* **depende do médium**". (destaquei).

— E não apenas como faculdade – encerrou o preclaro Instrutor –, mas também a sua condução!

— Faculdade e caráter – sintetizou Modesta. – Concordo plenamente.

— Sobra mediunidade e falta caráter!

— Doutor, não é bem assim – amenizou Odilon, reticente.

— Em homenagem a você, que é um *gentleman*, vou concordar!

— O problema, Odilon – ponderou Modesta –, é que, embora seja uma lei física – não sei se posso me expressar assim –, a mediunidade não deixa de ser regida por princípios de natureza ética!

CAPÍTULO
5

— Antes de prosseguirmos em nossos estudos e comentários – fiz questão de enfatizar –, precisamos dizer que a renovação íntima, à luz do Evangelho, é o móvel de todos os nossos anseios e aspirações – sem Jesus Cristo, nenhum Conhecimento faz sentido, mesmo porque todo Conhecimento converge para a necessidade de sermos melhores do que somos.

— Doutor, palavras muito oportunas estas – concordou Odilon. – Chegará o tempo em que os homens descobrirão que o Evangelho é sabedoria pura e que o Cristo, igualmente, é o maior cientista de todos os tempos, porque as suas lições têm profundas conotações com a essência da Vida.

— O Evangelho comporta muitas interpretações, inclusive de natureza metafísica: *"Meu reino não é deste mundo"; "Há muitas moradas na casa de meu*

Pai"; "Ninguém pode ver o reino de Deus se não nascer de novo"...

— O Evangelho é um livro de autoconhecimento, não?! – exclamou Domingas.

— Ele é "o" livro do autoconhecimento! – asseverou Modesta.

— Dando sequência, porém, aos nossos estudos sobre o 5º livro da Codificação, ainda no seu primeiro capítulo...

— Doutor, estamos há cinco semanas neste primeiro capítulo! Quanto tempo nós levaremos para concluir o estudo?! – perguntou Manoel.

— Até que estamos indo rápido demais, você não acha, Odilon?! Para realmente estudar e assimilar o que estuda ninguém deve ter pressa. Este, aliás, é o problema de muitos companheiros de Doutrina – fazem uma leitura dinâmica de uma obra e concluem que tudo já sabem dela. Ledo engano!

— Estudar é explorar todas as possibilidades propícias do texto – claro, dentro de nossa limitada capacidade de compreendê-lo. Sempre haveremos de nos deparar com alguém que poderá apreciá-lo por um ângulo que não conseguimos enxergar... A rigor, precisaríamos ter aqui, integrando o nosso grupo, um Físico, um Químico, um Psicólogo, um Filósofo – enfim, gente habilitada em várias áreas do conhecimento acadêmico.

— E não um Psiquiatra "meia-boca", como eu...

— Um Dentista! – acrescentou Odilon.

— Uma analfabeta! – emendou Domingas.

— Assim não – reclamou Modesta. – O que vai sobrar para mim?!

— E para nós dois, não é, Paulino?!

— Exato, Manoel!

— Chega, então, de conversa fiada e vamos lá. Diz aqui Kardec, inclusive com palavras negritadas, que *"o Espiritismo, marchando com o progresso, jamais será ultrapassado, porque, se novas descobertas demonstrassem estar em erro sobre um certo ponto, ele se modificaria sobre esse ponto; se uma nova verdade se revelar, ele a aceitará."* O que vocês acham? Quem deseja tomar a iniciativa dos comentários?...

— Doutor, eis uma das coisas que eu acho bonitas no Espiritismo: ausência de pretensão! Como costuma dizer o Dr. Odilon, Kardec não escreveu que "fora do Espiritismo não há salvação"! Ele não...

— ...não quis ser como o Papa, com a sua pretensa infalibilidade! – emendei, sem conseguir me controlar.

— É preciso muita coragem para se escrever algo assim, principalmente – disse Manoel – sendo o fundador de uma Doutrina!

— O Espiritismo – ponderou Odilon – não teme a Ciência; ao contrário, anseia pelo seu avanço!... A Ciência só poderá comprovar os postulados da Doutrina, que, segundo o Codificador, se necessário, não hesitará em se modificar sobre este ou aquele ponto...

— Coisa que até hoje, passados quase 155 anos da Codificação, ainda não aconteceu – redarguiu

Modesta. – O Espiritismo, por mercê da Misericórdia Divina, continua hoje tão atual quanto ontem...

— Permitam-me pequena leitura deste parágrafo – solicitou o Instrutor: *"O Espiritismo não estabelece, portanto, como princípio absoluto, senão aquilo que está demonstrado com evidência ou que ressalta logicamente da observação. Ligado a todos os ramos da economia social, aos quais empresta apoio de suas próprias descobertas, assimilará sempre todas as doutrinas progressivas, de qualquer ordem que elas sejam, elevadas ao estado de **verdades práticas** e saídas do domínio da utopia, sem o que ele se suicidaria..."*.

— Vocês ouviram bem? – indaguei. – *"... **assimilará sempre todas as doutrinas progressivas, de qualquer ordem que elas sejam...**"*. (destaquei) Daí o extremo cuidado que precisamos ter antes de levantarmos bandeiras contra o progresso da Ciência! Conforme sabem, eu sou a favor da pesquisa com as células-tronco, inclusive embrionárias. Penso que a Ciência está em trânsito para novos conhecimentos no campo da Genética – inicialmente, tudo é muito empírico. A Ciência se aperfeiçoa a cada dia. Agora, apressadamente, muitos adeptos da Doutrina estão se posicionando contrários, alegando interferência na reencarnação dos espíritos...

— E não é bem assim – disse Domingas, autora do livro "A Lei da Reencarnação". Vejamos a controvertida questão dos "embriões congelados"... É um contrassenso imaginar que, ao lado de todo embrião congelado, existe um espírito!

— Então, vamos devagar – aduzi. – Precisamos dizer aos nossos irmãos na Terra que os processos de reencarnação, neste Outro Lado, também evoluem... A nossa Ciência não permanece estagnada!

— Doutor – comentou Manoel Roberto, sempre interessado em notícias, digamos, exóticas –, quem diria, por exemplo, que um homem pudesse engravidar...

— Engravidou?! – inquiriu Domingas, surpresa. – Quem?! Onde?! Ora, eu não estava sabendo disto, não! Ninguém me conta nada!

— Um norte-americano de 34 de idade, chamado Thomas Beatie – transexual masculino. A esposa, Nancy, teve que retirar o útero, e ele, que nasceu hermafrodita, foi inseminado. Foram a um banco de espermas e tiveram uma linda menina. Foi a sua própria esposa que o inseminou com uma seringa. Inclusive, eles se apresentaram no mais famoso programa de entrevistas dos Estados Unidos, de Oprah Winfrey.

— Agora, vá o senhor escrever isto, hem, Dr. Inácio?! – gracejou Domingas.

— *Muy amiga,* você, minha cara! – rebati.

— Pois é – interveio Modesta. – Baseado nisto, como ficam as teorias de que o espírito para reencarnar necessita do psiquismo da mãe e não sei mais quê!...

— Olha, *tem* uma notícia mais recente ainda – continuou Manoel. – O primeiro transplante de útero já foi realizado na Terra!...

— Você está brincando, Manoel! Transplante de útero – de uma mulher para um homem?!...

— Por enquanto, não, Domingas – foi um transplante de uma mãe para a filha!

— Ora – replicou Domingas –, o Chico vivia dizendo que "... a Ciência vai desenvolver o ser humano no laboratório. Eles (os cientistas) vão fabricar um enorme útero no laboratório e aí dentro vão gerar o ser. Levarão talvez de duzentos a quatrocentos anos até conseguirem realizar. Mas vão realizar. Aí, libertarão a mulher do parto.

"*E tem outra coisa* – dizia ele. – *Nesse útero, os espíritos vão reencarnar, tudo direitinho, sem problemas. Esse fato não vai alterar coisa alguma, a Ciência vai conseguir isso. Ora, o avanço da Ciência é obra da Espiritualidade através dos missionários.*"

— É por isto, Inácio, que alguns não entendem quando você fala em reencarnação no Mundo Espiritual – eles acham que os mecanismos que envolvem a complexa questão do renascimento são sempre os mesmos, em todas as dimensões!

— Vejamos – pontificou Odilon –, os nossos comentários estão girando apenas sobre um dos princípios da Doutrina – a Reencarnação! Quanta coisa nova acontecendo, que, forçosamente, há de levar os estudiosos a reverem conceitos! E no que tange, então, à Mediunidade? Até bem pouco tempo as comunicações se limitavam às "mesas girantes"...

— Hoje – disse eu –, até digitação fui obrigado a aprender! O bom e velho lápis de psicografia está sendo aposentado – aliás, já se aposentou!

— Odilon – inquiriu Modesta –, como há de ser a mediunidade no futuro?

— Pergunta difícil, minha irmã! Óbvio que o médium continuará se valendo de seus recursos intelectomorais e de sua capacidade sensitiva – não temos muito como fugir disto. Agora, os processos de intercâmbio serão cada vez mais *refinados*, inclusive com boas perspectivas no campo da Transcomunicação Instrumental – a chamada TCI!

— Analisemos o Caso Chico Xavier, o Homem *Psi*! Chico apenas psicografava à maneira tradicional? Não! Ele ouvia os espíritos, conversava com os espíritos, discutia com eles e, depois, colocava no papel, por si mesmo, o produto deste diálogo. Eu tenho comigo, Odilon – falei –, que o Chico era médium em tempo integral! Não era médium uma vez por semana, como a maioria dos médiuns, que, ainda por cima, vivem faltando às reuniões, sem qualquer comprometimento...

— Chico era a mediunidade – a mediunidade humana! Jesus era a Mediunidade Divina!

— Entre mim e o Chico, por exemplo – brincou Domingas, mas falando com acerto –, deve existir a mesma distância que existia entre ele e o Cristo! Chico, no ápice da mediunidade humana, e Jesus, no ápice da Mediunidade Divina! E eu, cá embaixo, tentando sair da obsessão...

— Eu, idem – aprovou Modesta.

Rápido silêncio se fez e Odilon concluiu:

— Bem, resumindo, é isto aí. O Espiritismo, como diz o Dr. Inácio, não pode ser mais um "ismo" – o Espiritismo, e doa a quem doer, tem compromisso apenas e tão-somente com a Verdade! Não podemos, neste sentido, nos posicionar como os religiosos tradicionais! O Espiritismo está em aberto... Claro que se assenta sobre fundamentos básicos, referendados pela Fé Raciocinada.

CAPÍTULO
6

Depois de uma semana de intensas atividades, novamente estávamos reunidos para estudar, cada qual portando nas mãos o seu exemplar de "A Gênese".

Poucos irmãos encarnados conseguem pensar que, neste Outro Lado, o Espiritismo é uma doutrina tão desconhecida da maioria quanto entre os homens, na Terra. Refiro-me, óbvio, às dimensões mais próximas!

A Codificação Espírita, antes de se tornar realidade no mundo, em meados do século XIX, se tornou realidade nas vizinhanças espirituais do Planeta.

— Hoje – comecei a falar – vamos refletir sobre o capítulo II, intitulado "Deus", no qual Kardec escreveu sobre a "Existência de Deus", "A Natureza Divina", "A Providência" e "A Visão de Deus". Este capítulo, naturalmente, é um desdobramento do que abre "O Livro dos Espíritos", nossa obra basilar.

— Interessante – observou Odilon – é que a Ciência nunca se ocupou tanto de Deus quanto agora – os cientistas têm se empenhado em provar a existência do Criador! Einstein dizia que o seu maior anseio era o de conhecer o "pensamento" de Deus...

— Convenhamos, embora a sua grande genialidade, ele extrapolou... Em "O Livro dos Espíritos", na pergunta de número 10, Kardec pergunta: *"O homem pode compreender a natureza íntima de Deus?"*. A resposta veio sucinta: *"Não. Falta-lhe, para tanto, um sentido."*

— Doutor, este sentido seria o sentido da mediunidade? – indagou Domingas.

— Sinceramente, não acredito, a menos que o chamado "sexto sentido" venha a se desdobrar em outros mais. Não sei o que o Odilon tem a dizer a respeito...

— Concordo, Doutor. Um filósofo pré-socrático, Heráclito de Éfeso, que viveu, aproximadamente, há 500 a.C., também afirmava que: *"Só uma coisa é sábia: conhecer o pensamento que governa tudo através de tudo."* Conhecer o Pensamento Divino é conhecer as suas Leis, e, evidentemente, o homem ainda não possui cérebro para tanto! Este conhecimento há de ser gradativo – penso que, de fato, o homem necessitará de desenvolver "sentidos especiais" que, por agora, transcendem a nossa capacidade sequer de imaginá-los.

— Eu tenho, Dr. Odilon – comentou Paulino –, ultimamente, lido alguma coisa a respeito... Alguns cientistas, chamados "deístas", têm falado na existência de um *"Design* Inteligente"...

— Esta teoria começou com William Pailey, em 1831 – era um teólogo.

— Portanto, inclusive, é anterior à própria Codificação – destaquei com base na informação que Odilon nos transmitia.

— Sim. Ele justificou a sua ideia, dizendo que, por exemplo, se um homem estivesse caminhando sobre terreno inculto e se deparasse com uma pedra, o fato não teria nenhum efeito sobre o seu pensamento, mas se ele se deparasse com um relógio...

— Este mesmo exemplo é tomado por Kardec quando ele diz que a existência do relógio atesta a existência do relojoeiro – em síntese: *"Deus não se mostra, mas afirma-se mediante suas obras"*!

— Contra fatos não há argumentos, não é?! – exclamou Modesta. – O Universo aí está...

— E está muito mais para nós – emendei –, que, por assim dizer, estamos vivendo na sua *contraparte*...

— Para mim – falou Manoel Roberto –, negar a existência do Criador, é negar a própria existência da criatura, que não poderia ter-se feito a si mesma. Isto é ilógico! Isto seria admitir que o "nada" fosse capaz de criar alguma coisa...

— Então, Manoel, neste caso, o "nada" seria Deus! – replicou Domingas.

— Com os Espíritos Superiores – prossegui –, defendendo a existência de Deus, Kardec se apoia no axioma: *"Todo efeito inteligente deve ter uma causa inteligente"*!

— Outra coisa, Doutor – frisou o Instrutor: a ideia de Deus é intuitiva! A crença num Ser Superior talvez seja a mais antiga da Humanidade – foi o que deu origem à Mitologia, com os seus vários deuses!

— O Politeísmo!

— Exatamente, Paulino, que, depois de milênios, evoluiu para o Monoteísmo, e que, na atualidade, está evoluindo para o Monismo...

— Convém, no entanto, Odilon – ressalvei –, dizer que o Monismo carece ser cuidadosamente interpretado, para não derivarmos para o Panteísmo, de Spinoza – tese que os Espíritos Superiores refutaram.

— Eu não estou entendendo nada – disse Domingas com sinceridade.

— Domingas – perguntei –, o pai é o filho por ele criado?

— Não, não é. O pai é o pai, o filho é o filho! O pai é o criador – o filho é a criatura!

— O Panteísmo afirma que Deus e o mundo são uma realidade só! Ou seja: "Deus é tudo e tudo é Deus"!

— Bem, sob certo aspecto... O pai está no filho, mas não é filho. O filho tem a genética do pai, mas não a sua personalidade!

— Se o Panteísmo dissesse que Deus é a alma do Universo...

— Sim, a alma, mas não o Universo, assim como o homem não é o seu corpo!

— O certo é o seguinte – resumiu a estudiosa companheira: — Deus, como Inteligência Suprema e Causa Primária de todas as coisas, é indispensável à Vida! O resto...

— O resto é discussão para milênios! – exclamou Manoel com acerto.

— Kardec – pontuou Odilon –, em "O Livro dos Espíritos", escreveu que *"a inteligência de Deus se revela nas suas obras, como a de um pintor no seu quadro; mas as obras de Deus não são o próprio Deus, como o quadro não é o pintor que o concebeu e executou".*

— Gostaria, no entanto – aparteei –, de ler este pequeno trecho de "A Gênese", que, além de esclarecedor, é altamente consolador: *"... não há um ser, ínfimo que o possamos supor, que não seja saturado por ele, de alguma forma. Estamos assim constantemente na presença da Divindade; não há sequer uma de nossas ações que possamos subtrair à sua consideração; nosso pensamento está em incessante contato com o seu pensamento, e é com razão que se diz que Deus jaz nas mais profundas dobras de nosso coração.* **Estamos nele, como ele está em nós**, *segundo a palavra do Cristo".*

— Do que falamos até agora – solicitou Manoel –, o que poderíamos concluir:

— Vamos, cada um, emitir um parecer? – propus. – Comecemos por você, Manoel?

— Deus existe e é o Criador – a Criação é a sua obra!

— Paulino, e você?

— Não importa a forma, não importa a denominação: Deus, de fato, é o "*Design* Inteligente"... Ele é o autor do *Big Bang!*

— Modesta?...

— Até agora, só estamos cogitando de Deus intelectualmente... Eu gostaria de ficar com as palavras de João Evangelista, no capítulo 4, versículo 8, de sua Primeira Carta: "Deus é Amor"! E se Deus é Amor, o sentido que precisamos desenvolver para percebê-lo é justamente este: Amor!

— Muito bem! – admirei-me, tocado pelas palavras da estimada irmã. – E você, Odilon?

— Doutor, se nem sei quem sou eu...

O pessoal sorriu.

— Apelando como eu, não é, Odilon?! Você ainda há de ficar bom nisto...

— Penso, Doutor, mas penso sinceramente, que, à medida que mais bem nos conhecermos, mais bem haveremos de conhecer a Deus. Até lá, continuaremos com as nossas conjecturas...

— E qual é o seu parecer, Doutor?! – inquiriu-me Domingas.

— Bem, a minha opinião é a de todos vocês somadas... Porém, para não deixar de ser original, diria, com os físicos quânticos, que *Deus é o Grande Elétron*: quando Ele mesmo, é *partícula*; quando se transfigura em *onda*, origina a Criação! O Universo é a *vibração* de Deus!

— E sintetizando tudo o que estamos dizendo, Doutor – retrucou a confreira –, como disse Jesus, Deus é nosso Pai!

— E também nossa Mãe, Domingas! – exclamei.

— Homem e mulher!

— Macho e fêmea! Um ser hermafrodita!...

— A Sua própria "alma gêmea"?!...

— Quem sabe, a outra "metade" que procuramos esteja em nós mesmos?!...

— Mas isto não seria egoísmo, achar em nós mesmos a "parte" que nos completa?!...

— Ao contrário, seria o mais profundo altruísmo, sentimento que, por assim dizer, "impulsionou" o Criador no ato de criar, como Jesus, que veio se sacrificar pela Humanidade!

Houve silêncio e, para arrematar, tomei "O Livro dos Espíritos", efetuando oportuna leitura do texto: *"Deus existe, não o podeis duvidar, e isso é o essencial. Acreditai no que vos digo e não queirais ir além. Não vos percais num labirinto de onde não poderíeis sair. Isso não vos tornaria melhores, mas talvez um pouco mais orgulhosos, porque acreditaríeis saber, quando na realidade nada saberíeis. Deixai, pois, de lado, todos esses sistemas; tendes muitas coisas que vos tocam mais diretamente, a começar por vós mesmos. Estudai as vossas próprias imperfeições, a fim de vos desembaraçardes delas. Isto vos será mais útil do que querer penetrar o que é impenetrável."*

— Temos muito arroz e feijão para comer ainda! – comentei, fechando o volume que tinha nas mãos.

— Eu adoro arroz com feijão, Doutor! – exclamou Domingas, arrancando sorrisos a todos nós.

CAPÍTULO
7

Logo após a prece de início, proferida desta feita por Paulino, explanei:
— Bem, estamos hoje reunidos para dialogarmos em torno do capítulo III, de "A Gênese", que trata dos seguintes assuntos, que estão inter-relacionados: "Origem do Bem e do Mal", "O Instinto e a Inteligência" e "Destruição dos seres vivos uns pelos outros". São temas que, anteriormente, já foram abordados em "O Livro dos Espíritos" – Kardec apenas efetua mais algumas considerações a respeito deles, ampliando os horizontes de nossa compreensão. Para melhor rendimento, hoje ficaremos apenas com a transcendente e velha questão do "Bem e do Mal". Quem deseja falar em primeiro lugar?

— Eu, Doutor – ergueu Domingas a mão. – Se Deus é Amor, e sendo Ele a Causa Primária da Criação, o mal não existe – a sua existência é fictícia.

Conforme já tive oportunidade de ler, no próprio "A Gênese", *"o mal é a ausência do bem"*.

— Para mim – opinou Modesta –, muita discussão em torno deste assunto é somente exercitar o pensamento, porque, em essência, o mal é *instrumento* para que o Bem se evidencie. Tanto assim é que, sempre que tenho oportunidade de escrever algo sobre o tema, faço questão de grafar "mal" com m minúsculo, e "Bem", com b maiúsculo... O mal é a ignorância!

— E você, Paulino, o que diz? – perguntei.

— Eu fico com a definição de "O Livro dos Espíritos", na resposta que os Mentores forneceram à questão 630: *"O bem é tudo o que está de acordo com a lei de Deus, e o mal, tudo o que dela se afasta. Assim, fazer o bem é se conformar à lei de Deus; fazer o mal é infringir essa lei."*.

— Muito bem.

— Odilon?...

— O problema do Bem e do Mal tem, quase, a idade da Humanidade – vamos encontrá-lo atormentando a cabeça de filósofos e teólogos de todos os tempos. Zoroastro, na Pérsia, já falava da disputa entre Ahura-Mazda, o deus da Luz, e Arimã, o príncipe das Trevas – isto foi em torno do século VII a.C.! Um dos filósofos pré-socráticos, Leucipo de Abdera, considerado o criador da teoria dos átomos, dizia: *"Nada deriva do acaso, mas tudo de uma razão e sob a necessidade."*. Vejamos a concordância com que, mais tarde, nos ensinaria Jesus sobre a "necessidade" do escândalo: *"Ai do mundo por causa dos escândalos; pois é necessário que venham escândalos; mas, ai do homem por quem o escândalo venha."*.

— Deus nos livre de sermos instrumentos do mal! – exclamou Domingas. – A "necessidade" do mal não justifica a sua autoria!

— Eu vou pedir a vocês – falei – permissão para ler o que está escrito no primeiro capítulo do livro "Libertação", de André Luiz, primorosa preleção do Ministro Flácus: *"O mal é o desperdício do tempo ou o emprego da energia em sentido contrário aos propósitos do Senhor."*!

— Lindo mesmo! – concordou Modesta.

— Numa única frase, está colocado tudo – comentou Manoel Roberto.

— O mal, portanto, segundo deduzo – explanei –, é consequência de nosso livre-arbítrio! O mal é um subproduto de nossa imperfeição espiritual! E, pela Lei de Causa e Efeito, em se voltando contra nós, promove a nossa reeducação.

— Doutor – inquiriu Manoel –, eu poderia dizer: O mal não passa de um acidente de percurso?

— Eu vou pedir ao Odilon para responder.

— É o que se pode concluir. Vejamos: nas comunidades espirituais redimidas, o mal desaparece, ou, gradativamente, vai desaparecendo... Nos "mundos felizes", o mal não pode existir! Está escrito aqui – disse o Instrutor, apanhando sobre a mesa um exemplar de "O Evangelho Segundo o Espiritismo": *"... o mal, nesses mundos, não existe."*!

— E nos "mundos regeneradores"?...

— A sua indagação é interessante, Domingas – elucidou o amigo. – A Terra será um mundo "regenerador", e não um mundo "regenerado"...

— Céus!

— De mundo "regenerador" para "regenerado", ainda há considerável distância a ser percorrida. O espírito de Santo Agostinho, em mensagem inserida no capítulo III, de "O Evangelho", escreveu: *"Mas, ah! nesses mundos, ainda falível é o homem, e o espírito do mal não perdeu completamente o seu império"*!

— Ah, não, isto é de desanimar! – tornou a companheira.

— Por que, minha filha?! Ser anjo não é tão simples assim... A verdade é que nós não sabemos o grande atraso espiritual em que vivemos! Convém nem pensar nisto!

— Domingas – comentei –, não faz muito, éramos antropófagos... Você se lembra?!

— Eu não, Doutor! Cruzes!...

— Mas éramos, sim, principalmente você que adora carne!...

A turma descontraiu-se.

— Vejamos agora – falei – alguns conceitos de "A Gênese". Kardec anotou: *"Onde o bem não existe, forçosamente existe o mal; deixar de fazer o mal já é o começo do bem.* **Deus não quer senão o bem; o mal** *provém unicamente do homem. Se na criação houvesse um ser predisposto ao mal, ninguém o poderia evitar; porém, tendo o homem a causa do mal em SI MESMO, e tendo ao mesmo tempo seu livre-arbítrio e por guia as leis divinas, evitará o mal quando quiser".*

— Está muito claro – observou Paulino. – Não há "divisão" de forças no Universo – o "ser" que as religiões criaram para competir com o Criador e que, na Bíblia, está figurado na "serpente" que tentou Adão e Eva, não passa de mitologia.

— Paulino – interveio Odilon –, a "serpente", como você disse, foi instrumento de tentação, mas a decisão de ceder coube a Adão e Eva – eles poderiam ter resistido!

— Por tal motivo – frisei – é que os Espíritos defendem a evolução de Jesus em "linha reta"... O Cristo padeceu tentações, mas resistiu a elas! Cair não é uma fatalidade! Na pergunta 645 de "O Livro dos Espíritos", Kardec indaga: *"Quando o homem está mergulhado, de qualquer maneira, na atmosfera do vício, o mal não se torna para ele um arrastamento quase irresistível?"* Resposta: *"Arrastamento, sim; irresistível, não..."*! (destaquei)

— Então, não tem jeito de a gente se safar da responsabilidade, não é? – sabatinou Modesta.

— Não! – respondi.

— Infelizmente, não! – retrucou Domingas. – Quem não estiver com as pernas bambas, não cai, nem se for empurrado... Pode, momentaneamente, perder o equilíbrio, mas não vai ao chão!

Aqui mais adiante – ajuntei –, Kardec considera: *"Se o homem tivesse sido criado perfeito, seria levado fatalmente ao bem; ora, em virtude de seu livre-arbítrio, ele não é fatalmente levado, nem ao bem, nem ao mal. Deus quis que ele fosse submetido à lei do progresso, e que esse progresso fosse o fruto de seu próprio trabalho, a fim de que tivesse o mérito desse trabalho, do mesmo modo que carrega a responsabilidade do mal que é feito por sua vontade".*

— Novamente – acentuou Domingas –, caímos na questão do princípio das coisas...

— De fato, não nos ajudam muitas especulações, diante do que de concreto já sabemos: precisamos fazer o Bem! Somente através de sua prática, nos fortaleceremos e fugiremos à influência do mal!

— A nossa D. Modesta destacou algo de suma importância – redarguiu o Instrutor: – o nosso fortalecimento espiritual gradativo! Não nos esqueçamos de que todos ainda corremos o risco de nos lançarmos nos despenhadeiros do mal...

— Isto é mesmo muito sério, Odilon! – exclamei, verdadeiramente preocupado.

— É o de que eu tenho mais receio! – sublinhou Modesta. – Por tal motivo, carecemos de trabalhar muito – mas muito mesmo! – criando, em nós, o hábito do Bem!

— Fazer o bem tem que ser a nossa "obsessão"...

— É por aí, Manoel – tornou a enfatizar a nobre companheira de lides de outrora no Sanatório Espírita em Uberaba. – Claro que, até para nos entregarmos à prática do Bem, carecemos de equilíbrio... Os espíritos obsessores possuem artimanhas que envolvem, inclusive, o nosso devotamento ao Bem!

— Tivemos pacientes no Sanatório – comentei – que não tinham medida para nada – alguns deles, pretendendo a santidade antes da hora, despojavam-se de tudo...

— Ué, e está errado?! – inquiriu Domingas, de propósito.

— Tudo tem que ser feito com naturalidade... Chico, certa vez, nos contou que, empolgado com as orientações dos espíritos sobre a caridade, um gerente de Banco começou a emprestar dinheiro indiscriminadamente... Resultado: perdeu o emprego e, naturalmente, foi procurar Chico Xavier.

— Coitado do Chico! – exclamou Domingas. – Era cada abacaxi para descascar!...

— O Chico, então, disse a ele: *"Meu filho, a gente deve, sim, fazer caridade, mas com o dinheiro da gente... Isso é para quando o dinheiro for seu, e não dos outros!..."*.

— Uma das únicas vezes que Jesus fez caridade com o que não era dele – com os pães e os peixes –, ele multiplicou o que havia tomado por empréstimo...

— Boa, Manoel! – comentei sorridente. – Você ainda vai se transformar num exegeta bíblico!...

CAPÍTULO
8

— Estamos estudando o capítulo III, de "A Gênese" – esclareci. – Na semana anterior, falamos sobre a questão do Bem e do Mal, primorosamente abordada por Kardec. Hoje vamos encerrar o capítulo, estudando os dois últimos itens: "O Instinto e a Inteligência" e "Destruição dos seres vivos uns pelos outros". Domingas – perguntei – o que você nos diz sobre o instinto e a inteligência?

— Doutor, estive lendo e refletindo sobre o assunto e gostaria de destacar a seguinte colocação feita pelo Codificador: *"O instinto é um guia seguro, que jamais se engana; a inteligência, pelo fato de ser livre, é por vezes sujeita a erro."*. Entendo que o instinto nos é dado pelo Criador em favor de nossa conservação – é o instinto que guia o "princípio inteligente" até que ele conquiste a láurea da razão...

— Muito bem! Você fez uma boa síntese.

— Paulino, quer fazer algum comentário?

— O instinto é o Determinismo Divino, não?! É o que, por assim dizer, zela pela nossa integridade espiritual até que efetuemos a conquista do livre-arbítrio, que é atributo da inteligência.

— Ótimo! – exclamei. – Kardec escreveu que, *"se o ato instintivo não tem o caráter do ato inteligente, não obstante, revela uma **causa inteligente**, essencialmente previsora".*

— Doutor – aparteou Odilon –, eu estou aqui com o livro "Emmanuel", da lavra mediúnica de Chico Xavier – aliás, uma obra que os espíritas, em geral, precisam conhecer melhor. Emmanuel aqui trata de muitas questões de "A Gênese" e, se vocês me permitem, gostaria de ler um pequeno trecho...

— À vontade, meu caro – disse eu.

— ***"Determinismo e Livre-Arbítrio"*** *– Pergunta – O futuro, de um modo geral, estará rigorosamente determinado, como parece demonstrado pelos fenômenos ditos premonitórios, ou esses fenômenos envolvem um determinismo conciliável com os dados imediatos da consciência sobre os quais são geralmente estabelecidas as noções de liberdade e responsabilidade individuais? E em que termos, nestes últimos casos, se exerce esse determinismo, do ponto de vista teleológico? Resposta – Os seres da minha esfera* *não conhecem o futuro, nem podem interferir nas coisas que lhe pertencem. Acreditamos, todavia, que o porvir, sem estar rigorosamente determinado, está previsto nas suas linhas gerais".*

— Dr. Odilon, desculpe-me interromper, mas como é isso?! – perguntou Domingas.

— Em primeiro lugar, destaquemos a lucidez de Emmanuel, reconhecendo-se ainda um espírito limitado...

— O que sobra, então, para mim?!

— Sobra, Domingas – intervim –, sobra para aqueles que estão tendo a pretensão de questionar a obra de Emmanuel, com críticas impiedosas, inclusive o rotulando de jesuíta e moralista...

— Meu Deus!

— *"... o porvir* – prosseguiu Odilon –, *sem estar rigorosamente traçado, está previsto nas suas linhas gerais"* – eis o Determinismo da Lei! A evolução é fatal! Ninguém fugirá de seu destino glorioso!

— Pode quebrar a cabeça quanto quiser! – exclamei. – Perder tempo, afastar-se do caminho, rebelar-se, todavia, mais cedo ou tarde, cairá em si mesmo e começará a correr atrás do prejuízo – como nós estamos tentando fazer!

— Deixem-me terminar a leitura da resposta fornecida por Emmanuel: *"Imaginai um homem que fosse efetuar uma viagem. Todo o seu trajeto está previsto: dia de partida, caminhos, etapas, dia de chegada. Todas as atividades, contudo, no transcurso da viagem, estão afetas ao viajante, que se pode desviar ou não do roteiro traçado, segundo os ditames da sua vontade. Daí se infere que o livre-arbítrio é lei irrevogável na esfera individual, perfeitamente separável das questões do destino, anteriormente preparado. Os atos premonitórios são sempre dirigidos por entidades superiores, que procuram demonstrar a verdade de que a criatura não se reduz a um complexo de oxigênio, fosfato, etc., e que, além das percepções limitadas do homem físico, estão as faculdades superiores do homem transcendente".*

— O carma, então – observou Modesta com precisão –, começa com a aquisição do livre-arbítrio, que é apanágio da inteligência?!

— Correto – redarguiu o Instrutor. – O instinto não gera carma, ou, em outras palavras, não se submete à Lei de Causa e Efeito. O que gera carma é a faculdade de escolha consciente!

— Neste parágrafo – falei – Kardec resume tudo: *"O instinto é um guia seguro, sempre bom; num certo tempo, pode tornar-se inútil, porém jamais nocivo; enfraquece, pela predominância da inteligência".*

— Doutor, poderíamos dizer que o instinto se "alfabetiza"?...

— Domingas, eu prefiro dizer que a inteligência evolui para se tornar "instintiva"... É o que temos comentado entre nós: fomos criados simples e ignorantes para que nos tornemos sábios, sem, porém, perder a simplicidade! Agir com o "instinto" de Deus!

— Doutor, o senhor está filosofando – gracejou Domingas.

— Convém, no entanto, salientar – elucidou Modesta – que, quase sempre, o homem malbarata o instinto, ou seja: atribui ao instinto o que é de sua vontade!

— Muito bem lembrado! – concordou Odilon.

— Então – inquiriu Manoel Roberto –, o chamado "instinto assassino"...?

— ...não tem nada a ver – respondi. – Trata-se de uma figura de retórica... A "fera" que ainda existe dentro de nós, não tem nada a ver com a fera que já fomos na trajetória evolutiva do princípio inteligente... A maldade é oriunda da inteligência humana. Os animais possuem instinto de sobrevivência, mas não de destruição!

— Por este motivo – comentou Odilon – é que Kardec, logo em seguida, trata do tema: "Destruição dos seres vivos uns pelos outros"!

— Temos em "O Livro dos Espíritos" – disse Odilon pegando o livro sobre a mesa –, uma questão muito esclarecedora. É a pergunta de número 752, quando Kardec indaga: *"Pode-se ligar o sentimento de crueldade ao instinto de destruição?"*. Os Espíritos responderam: *"É o próprio instinto de destruição, no que ele tem de pior, porque, se a destruição é às vezes necessária, a crueldade jamais o é. Ela é sempre a consequência de uma natureza má"*.

Silenciou por momento e explicou:

— Precisamos dizer que, nos primórdios da evolução, o ser racional ainda experimenta a influência do instinto, que, aos poucos, vai se enfraquecendo... Há mesmo um ponto de transição, em que o instinto e a inteligência se confundem! É justamente aí que a inteligência pode submeter o instinto...

— Este assunto é muito complexo! – sentenciou Manoel.

— É e não é – redarguiu o Instrutor. – Analisemos a questão da crueldade. O instinto não é cruel. A crueldade já é uma *"consequência da natureza má..."*.

— Então, a crueldade pode se manifestar no homem logo que ele alcança a racionalidade?

— Sim, Manoel! E mais: a nossa inteligência ainda é perversa! Infelizmente, não temos efetuado as melhores escolhas... Agora, que fique claro: a crueldade é consequência da natureza **transitoriamente** má!...

— Está mais claro para mim.

— Porque, sendo filhos de Deus, não podemos admitir que nós sejamos essencialmente maus, concorda?

— Perfeitamente.

— Como tomar um caminho errado, nem que tenha sido há mil anos, pode nos influenciar – lamentou Domingas.

— É o que eu também estava pensando! – exclamou Paulino.

— Os hábitos perniciosos... – emendou Manoel reticente.

— Por tal motivo – explicou Odilon –, é que ainda experimentamos sentimentos que nos contrariam, ideias absurdas que, de repente, assomam à nossa cabeça, sem que saibamos de onde surgiram...

— Ideias que nos assustam – falei. – Ideias de agressão, de crimes, de violência, de atentados...

— Quantas vezes eu já me peguei pensando assim! – lamentou-se Manoel.

— Não é só você, não – confortei o amigo. – Eu, às vezes, me sinto o próprio Lampião, o famoso cangaceiro...

A turma gargalhou.

— E, depois, a turminha encarnada, da qual já fizemos parte, coloca toda a culpa nos obsessores...

— É mesmo, Doutor!

— Nós, os que estamos fora da carne propriamente dita, é que pagamos o pato... Sendo que, não raro, somos "obsidiados" pelo próprio passado!

— Como estes estudos são esclarecedores – considerou Domingas. – Igual a D. Modesta, no entanto, eu vou ficando com medo – com medo de mim mesma!...

— Não se esqueçam – disse eu – de que, no livro "Nosso Lar", Narcisa disse a André Luiz: *"Classificamos o medo como dos piores inimigos da criatura, por alojar-se na cidadela da alma, atacando as forças mais profundas."*. Medo, em essência, é falta de confiança em Deus!

— Deixem-me recitar uma trova – pediu Odilon – que o nosso amigo Formiga escreveu, dias atrás, com a inspiração que lhe é peculiar:

*"Perdoa e auxilia sempre,
Procurando ser honesto,
Guarda a consciência em paz.
Que Deus cuidará do resto!...".*

CAPÍTULO

9

— Ainda no mesmo capítulo de "A Gênese" – prossegui –, sem a ideia de que possamos esgotar o assunto, antes de passarmos ao capítulo seguinte, teçamos mais algumas considerações sobre a "Destruição dos seres vivos uns pelos outros". Kardec escreveu que *"a destruição dos seres vivos é uma das leis da Natureza, a qual, à primeira vista, menos parece conciliar-se com a bondade de Deus"*.

— O assunto – opinou Odilon – não é novo, não é, Doutor?! No Hinduísmo, por exemplo, o deus Xiva, que pertence à trindade hinduísta, juntos a Vixnu e Brama, é também o deus da destruição.

— É aquele deus "dançarino"?... – perguntou Domingas.

— Exatamente! É o deus da "dança da vida" – além do deus da destruição, é também considerado o deus da fertilidade, querendo significar que "tudo que nasce tem de morrer e da morte vem a vida nova"!

— A mitologia grega também possui a sua trindade, a chamada "trindade olímpica": Zeus, Hades e Póseidon! – explanei. – Corresponde à trindade católica: Pai, Filho e Espírito Santo! Vejamos como as religiões derivaram das crenças mitológicas. Estes três deuses gregos eram filhos de Cronos, ou Saturno, o deus "devorador" dos próprios filhos.

— Os antigos, então – indagou Manoel Roberto –, já intuíam que a lei de Destruição é uma lei da Natureza?

— Sim – respondi. – Kardec no texto que escreve – e precisamos entender isto! – trata, digamos, até com certo desdém o que tanto nos apavora, ou seja, a morte! *"Pelo incessante espetáculo da destruição –* escreve o Codificador –, *Deus ensina aos homens o pouco apreço que devem dar a seu veículo material e suscita neles a ideia da vida espiritual, fazendo com que eles a desejem como compensação".*

— No 2º capítulo do livro "O Céu e o Inferno" – lembrou Modesta –, intitulado "Temor da Morte", Kardec considera que *"o temor da morte é um efeito da sabedoria da Providência e uma consequência do instinto de conservação, comum a todos os seres vivos".*

— O instinto de conservação contrabalança o instinto de destruição? – sabatinou Paulino.

— Sim, pois, caso contrário, o homem, e ser vivo algum, teria apego à existência – esclareceu

Odilon. – Por tal motivo, os homens na Terra ainda são atormentados por certa dúvida em relação ao futuro...

— Como as Leis Divinas são sábias! – exclamou Domingas.

— O medo da morte, que é o medo do nada, faz o homem apegar-se à vida e trabalhar pela sua preservação!

— Então, de certa maneira – insistiu a confreira –, os homens ainda não estão preparados para uma crença inabalável no futuro?...

— Pergunta interessantíssima! – repliquei. – Não, não estão! E nem nós aqui, Domingas, ainda estamos completamente preparados... Sei que, para os nossos irmãos na Terra, será difícil entender isto, mas que posso fazer?!...

— O senhor poderia exemplificar?

— Francisco de Assis! – ponderei. – Imaginemos se, de um instante para outro, boa parte da Humanidade adquirisse a compreensão deste luminar da Espiritualidade – o que haveria de ser do restante da Humanidade, cujos interesses se concentram nas coisas da matéria?!...

— Se boa parte da Humanidade fosse mendigar como Francisco de Assis...

— ...as instituições humanas faliriam todas! O trabalho material, como propulsor do desenvolvimento da inteligência... Enfim, seria um caos social inimaginável!

— As coisas precisam acontecer gradativamente – considerou Modesta. – Por enquanto, a exceção não pode constituir a regra!

— Em "O Céu o Inferno" – tornou Modesta –, o bom senso do Codificador registrou: *"É por isso que, entre os povos primitivos, o futuro não era senão uma vaga intuição, mais tarde uma simples esperança, mais tarde, enfim, uma certeza, mas ainda contrabalançada por um secreto apego à vida material"*. Se o homem hoje perdesse de todo o seu apego à vida material, ele se exporia aos perigos – não teria nenhum apreço pela existência e, consequentemente, viveria praticando "suicídios"... Isto inviabilizaria a evolução!

— Modesta – falei –, finalmente, você chegou aonde eu queria. Aqui, em "O Livro dos Espíritos", no capítulo VI, Lei de Destruição – Destruição Necessária e Abusiva – há uma pergunta interessantíssima, a de número 729, formulada por Kardec: *"Se a destruição é necessária para a regeneração dos seres, por que a Natureza os cerca de meios de preservação e conservação?"*

— De fato, parece que há uma contradição, não é?!

— Eis a resposta, sobre a qual precisamos refletir: *"A fim de que a destruição não chegue antes do tempo necessário.* **Toda destruição antecipada entrava o desenvolvimento do princípio inteligente.** (destaquei) *Foi por isso que Deus deu a cada ser a necessidade de viver e de se reproduzir"*.

— Agora está claro! – redarguiu Paulino.

— A existência corporal, perante a Eternidade, nada é...

— ...mas, por outro lado, é tudo, Domingas! – conclui o raciocínio. – Imaginemos se esse desdém pela vida, oriundo da certeza da imortalidade, se transferisse para cá, onde presentemente nos encontramos?...

— Estou entendendo o porquê de ter muito espírito com medo de morrer! – asseverou Manoel. – Isto é uma das coisas mais interessantes com que eu me deparei na Vida de Além-Túmulo, porque, para mim, bastaria estar na condição de espírito livre para perder totalmente o medo da morte...

— Durma-se com um barulho desses?! – retrucou Domingas com bom humor.

— Como se dará a morte no invólucro do espírito nas Dimensões Superiores? – quis saber Manoel.

— Ao que estamos informados – elucidei –, inclusive pela lógica, ela não é cercada dos receios que apavoram os que vivem nas dimensões mais materializadas – inclusive, meu caro, a decomposição natural do corpo não acontece como sucede na Terra.

— Os espíritos que vivem em tais Esferas – continuou Odilon –, ao pressentirem o próprio desenlace, facilitam o seu desprendimento, ou seja: de maneira consciente, concorrem para que a desencarnação aconteça!

— Assim como existem espíritos – indagou Domingas – que, eles mesmos, cuidam de seu processo reencarnatório, espíritos existem que, quando é chegado o instante de sua transferência de plano existencial...?

— Não opõem o menor obstáculo à libertação dos laços que ainda os prendem ao veículo de manifestação que ocupam – respondeu o Instrutor, alongando comentários. – Sabemos que, em muitas dimensões, a chamada morte não tem por causa esta ou aquela enfermidade específica – ela se dá pela exaustão dos princípios vitais que entretêm a vida do corpo!...

— Ah, o meu sonho seria desencarnar assim! – exclamou Domingas com espontaneidade.

— Então, evolua, minha irmã! – gracejei.

— Vocês já imaginaram, que maravilha, a gente se deitar, sem adoecer, e deixar o corpo como uma borboleta que deixa o casulo!...

— Infelizmente – retruquei –, a nossa realidade é a da lagarta no casulo – ainda vamos ter que nos arrastar muito no chão, deixando marcas de baba em nossos rastros!...

— O Chico – interrogou Paulino –, desencarnou mais ou menos assim, não?!

— Sim – ponderou Odilon. – Embora doente, não se pode dizer que tenha desencarnado por causa desta ou daquela doença – aos quase 93 de idade, ele desencarnou por ter consumido, em serviço, todas as suas forças vitais! Aliás, conforme sabemos, Chico pedia que, se possível, Jesus concedesse a ele a bênção de trabalhar ao derradeiro hausto...

— Na véspera de seu desenlace, ocorrido em 30 de junho de 2002, ele ainda foi à periferia, participar da distribuição de alimentos com os assistidos – ele queria estar com o povo!...

— Uma vida missionária, não é, Domingas?! – comentou Modesta, emocionada. – Chico não era um anjo, mas, sem dúvida, foi um espírito muito acima da média...

— Ponha média nisto, Modesta! – falei. – Chico sabia o dia e a hora de sua desencarnação... Ele deu todas as dicas, dizendo que gostaria de desencarnar num dia em que o povo brasileiro estivesse muito feliz – 30 de junho de 2002, justamente quando o Brasil conquistava o Pentacampeonato de Futebol, na Ásia!

— Eu gostaria de fazer uma pergunta – solicitou Paulino. – Quer dizer que a imortalidade plena, completamente livre de alguma espécie de morte, está muito longe de nós?

— A anos-luz, meu filho! – exclamei.

— Apenas não mais morrerá quem mais não tiver corpo, Paulino – explicou Odilon com mestria. – Enquanto o espírito possuir algum resquício de matéria da qual necessite se despojar, ele "morrerá"...

— Então?...

— Pergunte sem receio – insisti com o jovem pupilo de Odilon que, naquele momento, fazia o papel do neófito que ele não era.

— Nós também vamos "morrer"?...

— Claro que vamos! O perispírito, que representa o nosso corpo carnal, é suscetível de sofrer desgastes de quase toda ordem... Que vamos "morrer", vamos – agora só nos resta saber se vamos "morrer" para baixo ou para cima!...

— Para onde nos levará esse "buraco de minhoca", não é, Dr. Inácio?! – replicou Domingas.

CAPÍTULO 10

Terminadas as tarefas estafantes daquele dia, porém abençoadas, no mesmo horário nos reunimos para darmos continuidade aos estudos que Kardec teve oportunidade de enfeixar em "A Gênese".

— Hoje – comecei – meditaremos sobre o capítulo IV, "O Papel da Ciência na Gênese". Não sei se vocês perceberam, mas há uma sequência didática em todos os capítulos, de maneira que, embora sejam independentes, um procede do outro, em aprofundamento gradativo.

— Eu nunca havia reparado, Doutor – replicou Domingas.

— O Codificador – prossegui – começa dizendo que *"a história da origem de quase todos os povos antigos se confunde com a de sua religião – (...) os primeiros livros sagrados foram ao mesmo tempo os primeiros livros de ciência..."*

— Isto demonstra que, durante algum tempo, Religião e Ciência andaram juntas – observou Odilon. – Por exemplo, a Química teve o seu berço na Alquimia, a Astronomia na Astrologia e vai por aí afora...

— O que é Alquimia? – perguntou a estudiosa irmã, autora da obra "Eu, Espírito Comum".

— A Alquimia – respondeu Odilon – era uma "ciência" que misturava vários elementos, inclusive de filosofia e religião... Os alquimistas eram considerados uma espécie de magos, que, dizem, se concentravam na busca da "pedra filosofal"...

— O que era a "pedra filosofal"? – tornou a incansável confreira.

— Era um objeto que poderia aproximar o homem de Deus, como também era considerado o "elixir da longa vida", ou da eterna juventude...

— Nos tempos mais remotos – elucidei – os sacerdotes também acumulavam a função de médicos – isto explica por que, nas tribos indígenas, os pajés possuíam tanto poder, chegando, muitas vezes, a rivalizar com o cacique...

— Queriam deter o poder político?... – comentou Manoel Roberto.

— Como, aliás, até hoje acontece – emendei. – Não é comum que o médium espírita – vamos falar de nós – queira se dedicar ao campo da cura e centralizar as decisões do grupo?

Enquanto os amigos refletiam, convidei:

— Mas, voltando ao tema do capítulo que estamos examinando, o papel da Ciência, que, aos poucos, foi se destacando do misticismo – embora enveredando pelo materialismo –, foi e continua sendo o de tornar a Verdade independente desta ou daquela crença religiosa.

— E ela tem conseguido o seu intento, Doutor? – inquiriu Paulino.

— Parcialmente. Vejamos que, em pleno terceiro milênio da Era Cristã, em países considerados cultos, como nos Estados Unidos da América do Norte, a luta entre os adeptos do Criacionismo e do Evolucionismo ainda se mostra acirrada...

— Inácio – falou Modesta! –, agora sou eu que não entendi... Criacionismo e Evolucionismo?...

— Muitos cientistas – vejam bem, gente que deveria ter a mente um pouco mais arejada! – continuam sustentando a tese bíblica de que o mundo foi criado em seis dias, tendo Deus descansado no sétimo...

— Não! – exclamou a companheira.

— É fato, D. Modesta – retrucou Odilon. – As teses de Darwin, o célebre autor de "A Origem das Espécies", ainda não são ensinadas em todas as Universidades, não!

— Charles Darwin – expliquei – foi contemporâneo de Kardec. "O Livro dos Espíritos" veio a lume em 1857, enquanto "A Origem das

Espécies", em 1859! Kardec era francês, e Darwin britânico, nascido em 1809 e desencarnado em 1882. Ele comeu o pão que o diabo amassou...

— Então – questionou Paulino –, os Espíritos, apresentando a questão da Evolução, inclusive do "princípio espiritual", se anteciparam a Darwin?

— Sim – respondi –, como também, por exemplo, se anteciparam na afirmação de que o vazio absoluto não existe... A inexistência do vácuo custou a ser comprovada pela Ciência, se bem que, muito antes do Cristo, um filósofo pré-socrático, dos mais famosos, Tales de Mileto, dizia que *"todas as coisas estão cheias de deuses"*...

— Outro deles, Doutor – observou Odilon –, Melisso de Samos, discípulo de Parmênides...

— Que nomes, meu Deus! – gracejou Domingas.

— Ele, que viveu por volta de 440 a.C., afirmava que *"não há nada vazio" – pois o vazio nada é, e o que nada é, não pode ser"*!

— Doutor – perguntou-me Manoel –, esta rivalidade entre Criacionismo e Evolucionismo?...

— É ferrenha, meu caro – isto já foi motivo de guerras sanguinolentas, e não duvidemos se o voltar a ser.

— São católicos, os adeptos do Criacionismo? – voltou a indagar.

— Não apenas católicos... Os protestantes o são, como também os muçulmanos, seguidores do "Corão", que admite a hipótese bíblica da Criação.

— Os muçulmanos?!

— Eis o tamanho da luta que comprou o Cientista das Ilhas Galápagos! Darwin somente escapou das fogueiras da Inquisição pelo mesmo motivo que Kardec: por viver numa época em que a intolerância religiosa começava a perder forças na Europa... Ele chegou a ser excomungado pela Igreja!

— Como as trevas da ignorância resistem à luz, não é?! – exclamou Modesta.

— Quer dizer que – insistiu Manoel –, em algumas Universidades, em pleno meio acadêmico, "A Origem das Espécies"?...

— ...é completamente marginalizada!

— Como é que essa gente haverá de aceitar na Reencarnação a ideia de que, um dia, já fomos *pedra*?...

— Pois é, Manoel, mas o assunto tratado por Kardec não é novo, não! Empédocles de Agrigento...

— Quem, Doutor?! – interrogou Domingas, provocando sorrisos na turma.

— Empédocles, natural de Agrigento, era um filósofo contemporâneo de Melisso, citado por Odilon. Em seus escritos e poemas, proclamava: *"Pois eu já fui moço, e moça, e planta, e pássaro, e um mudo peixe do mar"*!

— Que maravilha! – exclamou Modesta, embevecida. – Esse pessoal deve ter vindo de Capela, não é?! Como, utilizando apenas o pensamento, sem qualquer possibilidade de pesquisa...

— Apenas através do "empirismo" – atalhei –, ou da sabedoria adquirida através das percepções...

— Pois é, eu não sei o que é "empirismo", mas tudo bem... Como é que esse pessoal conseguiu se antecipar, em séculos e séculos, às modernas conquistas da Ciência?!...

— Penso que estes sábios de nome esquisito devem ter participado da Codificação... Não, Doutor?! – perguntou Domingas a Odilon.

— Pelo menos alguns deles, sim – elucidou o amigo. – Sócrates e Platão, conforme sabido, participaram ativamente... Alguns dos pré-socráticos igualmente devem tê-lo feito, se não de maneira direta, pelo menos indiretamente.

— Mas vamos à frente, senão hoje não vai haver lanche depois dos estudos – ameacei. — Kardec, neste capítulo, escreveu que **"a Ciência é convocada para constituir a verdadeira Gênese, conforme as leis da Natureza"**... Tanto assim é que o Espiritismo, ao contrário de toda doutrina religiosa, não apresenta uma concepção propriamente sua para o fenômeno da Criação – o Espiritismo, neste aspecto, segue na esteira das descobertas científicas! Óbvio que, tanto em "O Livro dos Espíritos" quanto em "A Gênese", nos deparamos com certas revelações ou antecipações às conclusões da Ciência. Precisamos salientar, no entanto, que o conhecimento humano sobre as origens da Vida está muito no princípio...

— O senhor acha – sabatinou Manoel – que seja papel nosso, dos espíritos desencarnados, apresentar aos homens, na Terra, informações mais precisas sobre essas origens?...

— Meu caro, as informações que os espíritos de nossa esfera detêm não avançam muito além do que os homens podem vir saber por si mesmos, concorda? Qualquer tentativa nossa neste sentido haveria de esbarrar nas limitações do cérebro do médium – poderíamos, no máximo, como podemos, apontar-lhes um caminho ou inspirar-lhes uma ideia!

— E isto já tem sido feito, não é, Doutor?! – questionou Domingas.

— Sim e mais recentemente com as obras de André Luiz, pela mediunidade de Chico – "Evolução em Dois Mundos" é um monumento!

— "No Mundo Maior"! – completou Odilon.

— Todas elas, enfim, desde "Nosso Lar", que revelou aos homens a existência de civilização no Mundo Espiritual – em um dos universos paralelos que vêm sendo admitidos pela Ciência!

— Então, os espíritas não devem se posicionar contra o avanço da Ciência, Doutor?! – indagou-me Paulino.

— Vou responder a você com o que escreveu o próprio Kardec, certo?! Eis o que ele disse: **"Se a Religião se recusar a caminhar com a Ciência, a Ciência prosseguirá sozinha"**.

— Chico Xavier – comentou Domingas –, num dos programas "Pinga-Fogo", a que compareceu no ano de 1971, disse mais ou menos assim: *"... com a assistência do espírito Emmanuel, declaramos que o poder da Ciência é infinito, porque a Ciência está credenciada pela misericórdia, pela sabedoria de Deus para entrar em relação com todos os setores do progresso humano".*

— Se o Espiritismo, a pretexto de pureza doutrinária, se distanciar da Ciência, radicalizando em seus conceitos, ocorrerá com ele o mesmo que ocorreu com as demais doutrinas, mormente com o Catolicismo, que cavou, com as próprias mãos, instransponível abismo de conciliação entre a Fé e a Razão!...

CAPÍTULO 11

— Bem, prossigamos – acentuei, gracejando –, pois, caso contrário, realmente não teremos lanche hoje... Logo hoje, que eu consegui um patezinho saboroso como recheio de um arremedo de pão-de-queijo, feito do mesmo polvilho de que foi feito o maná que alimentou os hebreus no deserto...

— Sério, Doutor?! – perguntou Domingas. – Patê de quê, o senhor conseguiu?!...

— Patê de *nada*, minha cara! É tão fluido, que é como se a gente estivesse comendo nada...

— Então deve lembrar uma hóstia?!...

— Não sei, porque eu nunca fui "comedor" de hóstias... Não me comprometam!

A turma relaxou um pouquinho, Odilon sorriu, e eu continuei:

— Aqui, neste capítulo de "A Gênese", capítulo IV, Kardec escreveu que *"somente as religiões estacionárias podem temer as descobertas da Ciência"*, acrescentando que *"uma Religião que não estivesse em contradição com as leis da Natureza nada teria que temer do progresso e seria invulnerável"*. Então, abrindo a nossa discussão, digo-lhes o seguinte: o Espiritismo, na atualidade, lida com dois problemas fundamentais: os que não querem que ele seja Religião, portanto que não se vincule ao Evangelho do Cristo, e os que não desejam que ele seja Ciência, com receio de que o avanço da Ciência venha a comprometer os seus postulados... O que vocês me dizem? Paulino, qual o seu parecer a respeito?

— Doutor, Kardec concebeu o Espiritismo como uma doutrina de tríplice aspecto... Penso que, de fato, o Espiritismo não tem o que temer com o progresso da Ciência. O que faz dele uma Doutrina sempre atual é justamente o seu dinamismo...

— Muito bem!

— Ao longo do tempo – ponderou Odilon –, o Espiritismo, naturalmente, terá que ampliar concepções – Kardec, conforme já ficou dito, não esgotou o assunto! Vamos ter, por exemplo, que analisar a questão da consistência da matéria, para concluirmos que o Plano Espiritual também é feito de matéria, que, aliás, não existe apenas nos estados tradicionais conhecidos: sólido, líquido e gasoso... William Crookes, autor da obra "Fatos Espíritas", na qual divulga as experiências de ectoplasmia levadas a efeito com a médium Florence Cook, descobriu um 4º estado da matéria, o *estado radiante* – foi ele também quem descobriu o elemento químico *tálio*, de número atômico 81!

— E também, Odilon – aduzi –, foi o identificador da primeira amostra de *hélio*...

— Acredito que, na atualidade, uma das maiores dificuldades dos espíritas, em geral, para melhor compreensão da vida além da morte, seja a sua não-compreensão da consistência da matéria, porque, para nós, o Mundo Espiritual ainda é matéria...

— Ainda e sempre, Doutor?! – indagou Manoel.

— De minha parte, penso que sim, embora não sejamos mais do que homens fora do corpo, com estreitíssimo conhecimento da Verdade. Em "O Livro dos Espíritos", respondendo à questão 22, os Espíritos disseram que a matéria pode ser *"tão etérea e sutil"*, que não produza nenhuma impressão nos nossos sentidos, *"entretanto, será sempre matéria"*...

— Aliás, Inácio – aparteou Modesta –, quando Kardec, na questão 82 da mesma obra, pergunta se os espíritos são imateriais, os Mentores da Codificação chegam a dizer que o espírito *"é uma matéria quintessenciada"*...

— Não obstante – repliquei –, reconheço que esta discussão "dá pano para mangas"...

— Eu penso – observou Paulino – que a Criação, emanando de um Único Princípio, que é

Deus, possui a mesma natureza intrínseca... Não sei se me expressei bem!

— Expressou-se, sim – respondi. – Agora, por favor, já para a fogueira!... Os espíritas hão de queimá-lo vivinho, por essa heresia antidoutrinária! Ora, onde é que já se viu contrariar o que os Espíritos disseram em resposta à questão de número 27, reportando-se à trindade universal?!...

— Trindade universal?!...

— Deus, espírito e matéria, e outro elemento, denominado "fluido cósmico universal"...

— Tudo bem, Doutor, mas, para mim, é apenas uma questão didática – mera questão de palavras!

— Avancemos um pouco mais em nossas reflexões sobre o capítulo em pauta – cada parágrafo escrito por Kardec nos enseja um mundo de reflexões, e esgotar o assunto é impossível... No parágrafo de número 13, ele considera: *"Todas as religiões estão de acordo sobre o princípio da existência da alma, sem, todavia, o demonstrar..."* O Espiritismo é uma doutrina de experimentação. Os equívocos das religiões quanto ao destino da alma após a morte derivam de sua falta de contato mais proveitoso com os próprios *mortos* – o que somente é possível através da mediunidade.

— Doutor – replicou Odilon –, de acordo com o que já falamos em reuniões anteriores, a mediunidade sempre existiu – como o senhor mesmo costuma dizer, o Espiritismo não detém a *patente* da mediunidade! A questão é que somente Kardec, na história do Espiritualismo, entabulou um diálogo sem precedentes com os espíritos...

— Justamente – concordei. – Por isto, ainda escreveu o Codificador que *"o destino que elas* (as religiões) *atribuem à alma está ligado, em seus dogmas, às ideias que eram formuladas a respeito do mundo material e do mecanismo do Universo, nos tempos primitivos, o que é inconciliável com o estado dos conhecimentos atuais"*.

— Doutor, alguns cientistas já estão falando na existência de 11 dimensões!...

— Alguns, Domingas, já estão cogitando de 13 dimensões! Não obstante, sabemos que elas são infinitas! As dimensões são "criadas" a partir da mente de seus observadores, que se agrupam por afinidade... A mente interage com o meio e sobre ele se projeta!

— Interrompendo elucubrações tão complexas – aparteou Manoel –, raciocinando de maneira mais prática, eu fico pensando na grandiosidade da Vida que o Espiritismo nos descortina, ocasionando em nós maior reverência pela Criação Divina... Também não sei se estou conseguindo me expressar como desejo!

— Fale, Manoel, fale mais! – insisti com o amigo.

— A visão espírita da Vida, Doutor, é compatível com a sabedoria de Deus! A Vida está em tudo e em toda parte! Tudo é Vida! Viver é expandir-se!...

— Excelente, meu caro – redargui com alegria. – Vocês estão lembrados de que Jesus nos disse que *"aquele que não receber o reino de Deus como uma criança, nele não entrará"*?... Pois bem. Ultimamente, tenho refletido muito sobre isto, e tenho chegado à conclusão de que o Senhor não se referia apenas à questão moral mas também física...

— Como, Doutor?! – questionou Domingas.

— Como é que uma criança aparece na Terra? – perguntei à dedicada irmã.

— Ingênua, com total esquecimento do passado...

— Sim, mas o espírito, na reencarnação, não se *restringe* até ficar do tamanho de uma célula, ou seja, com proporções microscópicas?!

— Estou entendendo...

— Pois é, minha cara! Quem não se tornar *"como uma criança"*, ou seja, pequenino, *"nele não entrará"*... O Manoel falou em expansão espiritual, mas esta expansão se dá de maneira inversa: o espírito carece de perder todas as características externas!

— O que o Dr. Inácio está querendo dizer – explicou Odilon – é que o espírito ao evoluir, do ponto de vista físico, ele praticamente *desaparece*... Torna-se um *ponto luminoso*, uma *flama*, uma *centelha etérea* – como está lá na questão 88, de "O Livro dos Espíritos"!

— O espírito, que começou como átomo, deve voltar a ser átomo! – exclamei.

— Meu Deus! Jamais eu havia pensado nisto...

— Nem eu, Domingas – endossou Modesta, que se fez seguir por Paulino.

— *"... receber o reino de Deus como uma criança"*, pois, caso contrário?!...

— *"... nele não entrará"*, porque nele não caberá! – completei.

Enquanto os amigos permaneciam em silêncio, aduzi:

— Bem, tendo em vista que o patê com pão-de-queijo está à nossa espera, vamos encerrar os estudos de hoje com mais esta pérola de Kardec: *"Estando em contato incessante, o mundo espiritual e o mundo material são solidários um com o outro; todos os dois têm sua parte de ação na Gênese"*. Eis aqui mais uma antecipação científica – disse eu. – A Ciência está chegando à conclusão de que tudo o que existe é sustentado pelo que *"não existe"* – o que não existe é o que verdadeiramente existe!

— O Dr. Inácio está se referindo às recentes cogitações da Ciência a respeito da chamada "matéria escura" e da "energia escura", que seriam responsáveis pela existência do Universo visível...

— Por que, Doutor – perguntou Domingas a Odilon –, o senhor está colocando na forma condicional: "que seriam responsáveis"?...

— Porque a Ciência, tanto na Terra quanto no Mundo Espiritual, ainda há de capitular milhares de vezes, até – digamos – conseguir atinar com a real essência de tudo!

— Para entendermos melhor, Domingas – falei –, recorramos ao ditado popular que diz que "atrás de morro tem morro"... Os homens, seja no corpo ou fora dele, ainda estão tomando os efeitos pela causa! Nas dimensões muito acima da nossa, onde os espíritos detêm conhecimentos de que sequer suspeitamos, ainda se lida com a Verdade relativa, porque a Verdade absoluta é exclusiva de Deus!...

CAPÍTULO

12

Reunindo-nos para estudar o capítulo V – "Antigos e Modernos Sistemas do Mundo" –, comecei a explanar:

— Desde os primórdios, o homem tentou compreender a origem do mundo em que vive e, consequentemente, do Universo – desde que conseguiu levantar a fronte e contemplar as estrelas tremeluzentes no firmamento, a causa da Vida começou a intrigá-lo. Neste capítulo, Kardec, efetuando uma síntese, discorre sobre as ideias humanas que, primitivamente, se destacaram na tentativa de explicar a criação do mundo...

— Novamente – falou Odilon –, o papel dos filósofos pré-socráticos e dos estudiosos gregos, em geral, foi de importância fundamental para que a Ciência chegasse ao conhecimento que hoje se tem do Universo.

— Antigamente – falei –, conforme sabem, predominava a teoria do "geocentrismo"...

— Geocentrismo, Doutor?! – inquiriu Domingas.

— A Terra como sendo o centro do Universo! Ptolomeu, sábio que viveu em torno do ano 140 da era cristã, sustentava semelhante tese, que, aliás, perduraria por muito tempo e seria, inclusive, aceita pela Igreja...

— Interessante, Doutor – comentou Paulino que estava com "A Gênese" nas mãos –, já naquela época se cogitava da existência de 11 céus, *"ou esferas concêntricas, girando em redor da Terra..."*

— Muitas ideias aparentemente absurdas lançaram a semente de grandes verdades! – exclamou Odilon. – Na atualidade, mais de dois mil anos depois, a Ciência fala na existência de 11 dimensões – o nosso Universo apenas estaria situado em uma delas!

— A olho nu – observei –, quer dizer, sem auxílio de telescópio, que surgiria mais tarde com a singela luneta de Galileu Galilei, os antigos conseguiram "descobrir" cinco planetas do nosso Sistema Solar, e a eles deram os nomes romanos de deuses do Olimpo: Mercúrio, Vênus, Marte, Júpiter e Saturno!

— Com certeza – replicou Manoel –, eram espíritos bem acima da média do comum dos homens, não?

— Sem, todavia, serem completamente redimidos!

— Com referência aos 11 céus – ponderou Modesta –, Kardec coloca em evidência que, em uma de suas Epístolas, creio que escrita aos Coríntios, Paulo afirmou ter sido elevado ao terceiro céu!

— Está na sua 2ª Carta aos Coríntios, capítulo 12, versículo 2 – esclareceu o Diretor do "Liceu", citando o texto de memória: *"Conheço um homem em Cristo que, há quatorze anos, foi arrebatado até ao terceiro céu, se no corpo ou fora do corpo, não sei. Deus o sabe."*

— Paulo, com certeza, estaria se referindo a uma das dimensões espirituais, não é?...

— Exatamente, Domingas! – respondi. – O homem sempre acreditou na existência de sete céus, que, naturalmente, seria o mais elevado – os próprios muçulmanos admitem o sétimo céu (alguns falam em nove céus!), como Céu de Alá, presidido pelo patriarca Abraão. Na Igreja Católica, as chaves do Céu estão nas mãos de Pedro...

— O Espiritismo, com André Luiz – aparteou Odilon –, nos trouxe uma nova versão dos sete céus, ou das sete esferas da Terra, a saber: Abismo; Trevas; Crosta (Terra); Umbral; Arte, Cultura e Ciência; Amor Fraterno Universal; Diretrizes do Planeta!...

— Abismo e Trevas seriam "subcrostais"! – emendou Modesta. – Além de cada uma dessas dimensões possuírem as suas "subdimensões"...

— Continuemos – exortei. – Notemos que foi a superstição que deu origem à observação científica, na tentativa de se entender este Universo visível que, segundo os estudiosos contemporâneos, há cerca de

13,7 bilhões de anos seria menor que a menor parte do átomo... Depois de Ptolomeu, já no início do século XVI, tivemos Nicolau Copérnico, que, por sinal, era padre – cônego da Igreja Católica!

— Quer dizer que – perguntou Domingas – até 1.500 anos da era cristã predominou a teoria do "geocentrismo"?

— Exatamente!

— Como a evolução do pensamento é lenta, meu Deus!

— Você não sabe, minha cara, o que custou aos homens tirar a Terra do centro do Sistema Solar! Depois de Copérnico, tivemos Johannes Kepler, um matemático e astrônomo alemão, que nasceu em 1571 e desencarnou em 1630 – atribui-se a ele o surgimento da Ciência moderna. Em seguida, vem Galileu, nascido em Pisa, na Itália, em 1574! Kardec escreveu que *"a partir de Copérnico e Galileu, as velhas cosmogonias* (ou teogonias) não foram mais destruídas; a Astronomia não pôde senão avançar, sem jamais recuar. A História relata as lutas que esses homens de gênio tiveram que sustentar contra os partidários dos preconceitos e, sobretudo, contra o espírito vigente nos seus tempos, interessado na manutenção dos erros sobre os quais tinham fundado crenças que se lhes afiguravam assentes sobre uma base inquebrantável. Bastou *a invenção de um instrumento de* ótica para derribar uma edificação de vários milhares de anos."

— Galileu quase foi parar na fogueira, não é, Doutor?! – inquiriu Manoel.
— Sim. Em 1611, ele teve que capitular diante do Tribunal da Inquisição, assinando um documento de que a teoria "heliocêntrica", que ele aperfeiçoara, era apenas uma hipótese. Eu não sei se vocês sabem, mas Chico dizia que Galileu havia reencarnado como Camille Flammarion, célebre astrônomo espírita que, inclusive, colaborou com Kardec na recepção de "A Gênese".
— Comentamos o assunto anteriormente – redarguiu Paulino.
— Flammarion, então, psicografando a Galileu?...
— Psicografou a "si mesmo", Domingas – respondi. – Qual é o problema?! O médium também trabalha com as informações armazenadas em seu subconsciente...
— O médium e o espírito, Doutor – confirmou Odilon. – O subconsciente, que, na obra "No Mundo Maior", de André Luiz, o Instrutor Calderaro chama de "porão da individualidade" é um verdadeiro arquivo – o cérebro, a grosso modo, funciona como se fosse um computador, que possui memória, armazenando, eletronicamente, todas as informações. O desencarnado, em suas comunicações de natureza mediúnica, igualmente não deixa de acessar o próprio inconsciente.
— André Luiz – falei –, antecipando-se à Ciência, nos apresentou a concepção do "cérebro trino": Subconsciente, Consciente e Superconsciente!

Apenas em 1990, tal teoria seria elaborada pelo neurocientista Paul MacLean!

— O livro no "Mundo Maior" foi psicografado em 1947 – pelo menos, é esta a data do prefácio de Emmanuel! – comentou Domingas.

— Interessante é que, segundo André Luiz e MacLean, à medida que a medula espinhal diminui, os lobos frontais se projetam – continuam crescendo! – anotei. – O chamado cérebro reptiliano está "encolhendo", e o "racional" se expandindo!

— Este neurocientista, Doutor – aduziu Odilon –, cujos estudos eu já tive oportunidade de conhecer, afirma que, dentro de cada ser, parece existir uma "ordem" que nos concita: "para frente e para o alto"!...

— Deus estaria nos *fisgando* pelos lobos frontais?! – questionei o erudito companheiro.

— Pelos lobos frontais e pelo coração! – respondeu. – Dentro de cada um de nós, há incontido anseio de crescimento...

— Engraçado! – replicou Paulino. – Quando eu era menino de grupo escolar, a professora nos orientou a fazer uma experiência com alguns grãos de feijão, semienrolados num algodão encharcado com água...

— Ah, eu também me lembro disto! – interveio Domingas. – Depois, a gente colocava tudo dentro de uma caixa de papelão, com um buraquinho para a passagem de claridade, não é?

— Isto mesmo! – confirmou o pupilo de Odilon. – Os grãos de feijão, germinando, saíam à procura de luz...

— Como nós – concluí –, pequenos grãos de feijão plantados na gleba do corpo carnal, crescendo para Deus...

— Que bonito, Inácio! – exclamou Modesta.

— Bonito e complicado! – gracejei. – A evolução, se assim posso me expressar, é um "autoparto", dificílimo! Creio que, se juntarmos todas as "gemuras" das mulheres do mundo, todos os seus gritos e contrações, na hora da chamada *délivrance,* não serão eles nem 1% das dores que o espírito experimenta para nascer, em definitivo, à luz do Amor de Deus!

A turma esboçou um sorrisinho amarelo, ao que eu sublinhei:

— E não adianta espernear! A coisa é assim, e está acabado. Evoluir não é fácil mesmo – é uma tarefa que carece de ser encarada com seriedade! Estamos aqui falando dos pioneiros da Ciência... Ora, quanto esse pessoal não deve ter sofrido? Escárnio, vilipêndio, humilhação!... Tortura, perseguição e morte!...

— Kardec está dizendo aqui, Doutor – comentou Paulino –, em "A Gênese": *"Como a obra de Deus é sublime, quando a vemos realizar-se segundo as leis eternas da Natureza! Porém, quanto tempo, quantos esforços de gênios, quantos devotamentos foram necessários para descerrar os olhos das criaturas e arrancar, por fim, a venda da ignorância!"*

— Talvez – disse eu –, de acordo com o texto lido, ninguém como ele soubesse o que estava dizendo, pois o que o Codificador, igualmente, deve ter amargado, lutando contra o fanatismo e o preconceito de uma época quase medieval! E a coisa ainda não mudou muito, não! Vejamos aí os espíritas, alguns deles chegando a sugerir censura aos livros!...

— A nossa esperança – observou Odilon, otimista – é que a cabeça do povo lá vai crescendo, como o Universo...

— É, quando eu penso que o nosso Sistema Solar, rodando em círculos, está voando a 215 km por segundo, sem provocar labirintite em ninguém, eu tenho alguma esperança... Os cientistas afirmam que, quanto mais perto do Sol, mais rapidamente giram os planetas – quanto mais distantes, mais lentamente eles se movimentam! Sendo assim, faço votos para que apareçam, em nosso Movimento, algumas mentes arejadas que, mais próximas da Luz, raciocinem com maior prontidão e lucidez!

— Tenho que concordar Doutor – opinou Odilon em um de seus raros momentos de absoluta franqueza. – Alguns adeptos do Espiritismo carecem deixar de imaginar que a Doutrina seja "tridimensional": se não for para cima ou para baixo, para frente ou para trás e para a direita ou para a esquerda, não existe qualquer outra possibilidade de movimento... A Doutrina, do ponto de vista filosófico, é "pluridimensional", e quem não puder assim entendê-la haverá de se sentir bem perdido!...

CAPÍTULO
13

— É impressionante pensar que nós – continuei o diálogo –, encarnados e desencarnados, estamos *pensando* o Universo e, assim, gradativamente, nos apropriando do Pensamento Divino...

— Não será, Doutor – inquiriu Paulino –, uma temeridade, semelhante afirmativa?

— Desde que continuemos com os pés no chão, conscientes de que jamais a criatura se igualará ao Criador, não!

— Precisamos ainda considerar que – ponderou Odilon –, perante o que nos compete saber, tudo quanto já sabemos nada é! Se me permitem, agora é que, no que tange à inteligência, está acontecendo o nosso *Big Bang:* até há bem pouco, não passávamos de pequenino "ovo cósmico"... Ainda somos seres primitivos!

— O senhor acha mesmo, Doutor?! – perguntou Domingas ao Diretor do "Liceu".

— Talvez seja esta uma das poucas certezas que tenho! – respondeu o amigo.

— Bem – prossegui –, falamos de Ptolomeu, de Copérnico, de Kepler, de Galileu... Não poderíamos, evidentemente, deixar de falar sobre Einstein. Mas, antes, vocês me permitam breve consideração sobre Isaac Newton, sem dúvida, um dos maiores gênios da Humanidade.

— O descobridor da Lei da Gravidade! – exclamou Modesta.

— Newton, de acordo com informações à nossa disposição, foi reencarnação de Aristóteles. De certa maneira, qual sempre ocorre, em consequência da Lei de Causa e Efeito, Aristóteles, encarnando o sábio inglês, veio corrigir certas distorções em suas próprias teorias científicas – e, com certeza, no intuito de continuar saneando o seu pensamento, deverá voltar no futuro!

— Aristóteles – observou Odilon –, foi o responsável pelo *esfriamento* do pensamento filosófico de Sócrates e Platão, que era uma vertente altamente espiritualizada do pensamento humano. No filósofo de Estagira, a Ciência, em seu aspecto reducionista, falou mais alto, e ele haveria de influenciar o pensamento de outros grandes filósofos, como, por exemplo, Tomás de Aquino. O "aristotelismo" influenciou as tradições judaico-islâmicas, a Teologia Cristã... Ele contrariou o pensamento de seu mestre, Platão, dizendo que o mundo das ideias era uma utopia!

— Confesso a vocês que, embora lhe reconheça méritos, não tenho por Aristóteles nenhuma simpatia – falei. – Reencarnado como Newton, ele continuou dando excessiva importância à matéria. Acreditava, sim, na existência de um Criador, mas, a meu ver, falhou na tarefa de fazer com que o homem algo vislumbrasse para além do mundo físico...

Valendo-me do ensejo de que o pessoal permanecia reflexivo a respeito do que acabara de dizer, optei por mudar o rumo da conversa.

— Agora – disse –, impressiona-me a atualidade das concepções espíritas, coligidas por Kardec, em "A Gênese": precisamos levar em conta que a Doutrina foi codificada em meados do século XIX, bem antes, por assim dizer, das conquistas do pensamento que, com Albert Einstein, inaugurariam o século XX!

— Tudo o que a Ciência moderna – acorreu Odilon, comentando –, tanto no campo da Biologia quanto no da Física, vem constatando, foi revelado a Kardec em forma de embrião do Conhecimento...

— Como assim, Odilon? – indagou Modesta.

— A Ciência vem chegando à conclusão de que o elemento complexo deriva do elemento mais simples, e, naturalmente, o mais simples contém o mais complexo.

— Poderia exemplificar? – tornou a companheira de longa data nas lides do Sanatório Espírita.

— As células eucariontes, ou seja, que possuem núcleo individualizado, são procedentes das chamadas células procariontes... Os tecidos, que são formados por células, deram origem aos órgãos, e estes, por sua vez, ao organismo. Foi assim que o "princípio inteligente" continuou a se individualizar no Reino Animal! Os elementos químicos, dos mais simples aos mais complexos, procedem do elemento mais simples de todos – o hidrogênio, que é constituído apenas por uma molécula atômica!

— O hidrogênio?...

— Para você entender, Domingas – explicou Odilon –, o nosso Sol, basicamente, é formado de hidrogênio e hélio, um dos chamados gases nobres – o hélio possui duas moléculas atômicas! O Sol, que é uma estrela, é o mais *espiritual* de todos os planetas que possamos ver a olho nu – o Sol, praticamente, é um *planeta espiritual*!

— A água! – exclamei. – A água, que é a "filha mais dócil da matéria tangível", segundo o Dr. Dias da Cruz, pela psicofonia de Chico Xavier, é formada por dois átomos de hidrogênio e um átomo de oxigênio – a gente, praticamente, bebe "ar"...

— Bebe "ar", respira ar e não acredita na existência do espírito?! – exclamou Manoel Roberto.

— É por aí – retruquei.

— O Sol – prosseguiu Odilon –, que já foi uma estrela-anã (alguns contestam esta tese), um dia voltará a ser o que foi... Todas as coisas terminarão por remontar à origem!

— Eis porque eu estava falando sobre a atualidade do Espiritismo – emendei. – Em "O Livro dos Espíritos", Kardec pergunta, na questão de número 30: *"A matéria é formada de um só ou de muitos elementos?"* Resposta: *"De um só elemento primitivo. Os corpos que considerais como corpos simples não são verdadeiros elementos mas transformações da matéria primitiva"*. E vai por aí afora! – enfatizei. – É só compararmos o que os Espíritos disseram com o que a Ciência vem dizendo. Claro que, volto a repetir, a Codificação não encerra tudo. Vejamos a pergunta de número 41: *"Um mundo completamente formado pode desaparecer, e a matéria que o compõe espalha-se de novo no espaço?"*. Resposta: *"Sim, Deus renova os mundos, como renova os seres vivos"*.

— Não existe um filósofo que falava a respeito do "Eterno Recomeço", Doutor?! – perguntou-me Paulino.

— Nietzsche! – respondi. – Friedrich Nietzsche, filósofo alemão, autor de "Assim Falava Zaratustra". Foi quando, por si mesmo, ele quase concebeu a ideia da Reencarnação! Infelizmente, o pensamento lhe veio algo deturpado, porque Nietzsche não foi capaz de extrapolar os limites de seu raciocínio, concentrado no que considerava mesmice dos fenômenos que ocorriam no âmbito da vida material. Ele escreveu: *"Esta vida, assim como tu vives agora e como a viveste, terás de vivê-la ainda uma vez e ainda inúmeras vezes: e não haverá nela nada de novo, cada dor e cada prazer e cada pensamento e suspiro e tudo o que há de indivisivelmente pequeno e de grande em tua vida há de te retornar, e tudo na mesma ordem e sequência..."*

— Coitado de Nietzsche! – exclamou Domingas.
— Pois é, minha filha – concordei –, ele andou tão perto!...
— Como ele, no entanto – considerou Odilon –, muitos outros pensadores não tiveram a necessária coragem para abraçarem a tese da Reencarnação, por considerá-la excessivamente *oriental*...
— Como assim?! – insistiu a companheira.
— Entre o Ocidente e o Oriente sempre houve uma espécie de rivalidade de natureza intelectual – tanto assim é que, raramente, os ocidentais reencarnam no Oriente...
À elucidação do Instrutor, ajuntei:
— Esta rivalidade sempre mais se concentrou no campo da filosofia religiosa... A Europa, por exemplo, para não aceitar o Espiritismo, como, de fato, não aceitou, sempre se escorou no pretexto de que Kardec havia, simplesmente, "ressuscitado" antigas crenças orientais – o que não corresponde à realidade! A crença na Reencarnação vigia nas culturas ocidentais mais antigas, como entre os druidas, nas Gálias! Dois dos maiores filósofos de todos os tempos, Sócrates e Platão, nascidos na Grécia, eram reencarnacionistas!

— No entanto – inquiriu Modesta com perspicácia –, como puderam aceitar o Cristianismo? Jesus nasceu no Oriente!...

— Acontece, porém, que você, em sua pergunta, não está levando em consideração que o Ocidente se apropriou do Cristianismo, chegando, inclusive, a batizá-lo com o nome de Catolicismo! A Judeia, no tempo do Cristo, era dominada pelos romanos, que eram pagãos – os cristãos judeus tiveram que fazer concessões ao paganismo de Roma...

— É verdade! – concordou a abnegada fundadora do chamado Ponto "Dr. Bezerra de Menezes", em Uberaba, quando transformou a sua própria residência em um dos primeiros centros espíritas do Triângulo Mineiro.

— Mas – continuei –, voltando a falar sobre "A Gênese", Albert Einstein, que também tinha sangue judeu, e, por conta disto, sofreu preconceitos do mundo científico de então, escreve, em 1905, pequeno artigo numa revista, expondo a sua Teoria da Relatividade Espacial, afirmando que Espaço e Tempo coexistiam.

— Kardec tratará deste assunto no próximo capítulo, não, Doutor?!

— Sim, no capítulo VI, intitulado "Uranografia Geral".

— Convém salientar que o texto do citado capítulo VI de "A Gênese", referendado por Kardec, foi psicografado por Camille Flammarion, que, à época, estava com 21 anos de idade!

— Tão jovem assim?! – interrogou Domingas.

— O texto – continuou Odilon – é justamente de autoria de Galileu Galilei, que, segundo Chico Xavier, era sabido por Kardec se tratar do próprio Flammarion!

— Flammarion, então, psicografou a si mesmo?! – insistiu a irmã.

— Sem "grilo" nenhum! – gracejei. – A mediunidade não é tão pequena quanto tanta gente equivocada anda imaginando por aí...

— Mas – inquiriu Manoel, fazendo o papel de advogado do diabo –, isto não seria *animismo*, Doutor?...

— Eu gostaria que alguém me dissesse como é que a mediunidade pode existir sem animismo! – respondi fechando o livro e convidando o pessoal para o lanche habitual.

CAPÍTULO
14

— Na sequência de nossos estudos – disse eu, dando início ao diálogo em grupo –, "A Gênese" nos oferece o capítulo VI, intitulado "Uranografia Geral".

— O senhor poderia começar explicando o significado da palavra "Uranografia" – solicitou Domingas. – Tenho esta dúvida comigo há muito tempo...

— Urano – elucidei –, do qual deriva o termo citado, é um dos deuses mais antigos da mitologia grega, que personificava o Céu – ele teria sido gerado por Gaia, a Terra, com quem se casou...

— Ele, então, teria se casado com a sua própria mãe?! – tornou a companheira.

— Tem início aí – continuei – o chamado "complexo de Édipo", que é considerado um dos pilares da Psicanálise.

— Esta outra coisa da qual sempre ouvi falar, mas nunca entendi... Que é "complexo de Édipo"?

— "Édipo Rei" foi uma tragédia escrita por Sófocles, o mais famoso dramaturgo grego, que viveu de 496 a 406 a.C. Ele conta a história de Édipo, filho de Laio e Jocasta. Por artimanhas do destino, Édipo matou a Laio, que era seu pai, e casou-se com Jocasta, sua mãe. Óbvio que Édipo não sabia de nada.

— Realmente, um drama e tanto! – exclamou Domingas.

— O curioso é que Laio havia sido avisado pelo Oráculo de Delfos – comentei.

— Mediunidade?!

— Sim – respondi –, digamos mediunidade "mitológica", se o Odilon me permite a expressão.

— O Oráculo de Delfos – explanou o Diretor do "Liceu da Mediunidade" – funcionava no templo consagrado a Apolo, em Delfos. As pitonisas caíam em transe e efetuavam profecias... Esse templo foi visitado por Sócrates, que, segundo historiadores, foi saudado pelo Oráculo como o mais sábio dos homens. No pórtico do templo estava grafado o célebre "Conhece-te a ti mesmo", que o filósofo adotaria por lema de seu pensamento.

— Ah, eu ainda quero estudar Mitologia! – disse a irmã. – Acho isso tudo muito fascinante...

— Então – prossegui –, "A Gênese" nos oferece o capítulo "Uranografia Geral", que encerra um esboço em síntese da Criação do Universo – do Universo que nos é conhecido! E, como não poderia deixar de ser, Galileu, o autor espiritual deste capítulo, começa falando sobre a transcendente questão do Espaço e do Tempo.

— Durante muitos séculos – ponderou Odilon –, acreditava-se que Espaço e Tempo fossem finitos... Hoje se admite que, confundindo-se com o Criador, em seus atributos, eles sejam infinitos!

— Falando sobre o Espaço, por exemplo, com o aval de Kardec, escreveu Galileu: *"Se continuarmos durante anos, séculos, milhares de séculos, durante milhões de períodos cem vezes seculares, e **incessantemente com a mesma velocidade do relâmpago**, nem assim teremos avançado! E isso será o mesmo, de todos os lados para os quais nos dirijamos, e em direção a qualquer ponto que busquemos, a partir deste grão invisível que deixamos, e que se chama – a Terra!"*

— Espaço e tempo – ponderou Paulino – constituem abstração!

— Não temos como limitá-los – disse Modesta, compreendendo. – Se os limitássemos, o que haveria além e depois?! Portanto, segundo deduzo, ao mesmo tempo em que existem, eles não existem?! Estarei correta?...

— Espaço e tempo seriam, talvez, meros pontos de referência, para as mentes que, sem eles, não saberiam se orientar – observou Manoel.

— Está vendo, Odilon, como esse pessoal aqui tem ficado afiado?! – gracejei.

— O que isso, Doutor?! – retrucou Manoel, ruborizado.

— É isso mesmo – confirmei. – O exercício do estudo e da reflexão desentorpece a mente.

Baixei os olhos para as páginas do livro e, com voz pausada, coloquei dois trechos em destaque: — *"Imensidade sem limites e eternidade sem restrições, tais são as duas grandes propriedades da natureza universal".* — *"O tempo não é senão uma medida relativa da sucessão das coisas transitórias; a eternidade não é suscetível de nenhuma medida, do ponto de vista de sua duração; para ela, não há começo nem fim: para ela: tudo é presente."*

— Mais uma vez – disse Odilon –, eu gostaria de chamar a atenção para a atualidade do texto, escrito em 1862 – praticamente, há 150 anos! A Física reconhece hoje que o Universo não está estático – de maneira espantosa, ele cresce numa velocidade estimada em 150 bilhões de anos luz!

— E dentro deste cenário – emendei – a Vida prolifera! Tudo emanando do Criador! Em seguida, o espírito Galileu tece algumas considerações sobre a matéria, que, conforme já vimos, pode existir em estados que desconhecemos. Um pouco mais adiante, quando formos falar sobre "A Criação Universal", veremos que ele afirma que *"há outros reinos naturais dos quais nem mesmo suspeitamos a existência"*!

— Creio que seja muito atrevimento nosso querermos atinar com o princípio das coisas, não é, Doutor?!

— Sim, mas porque o ponto de chegada esteja distante, nada nos impede de caminhar em sua direção, concorda?!

A devotada confreira anuiu e continuei sem pausa:

— A matéria, em seus vários estados, promana de um princípio único – da **matéria cósmica primitiva**! (grifei) Não existem dois tipos de matéria no Universo! Aqui está escrito: *"Se observamos uma tal diversidade na matéria, é porque as forças que têm presidido às suas transformações, as condições nas quais elas são produzidas, sendo ilimitadas em número, não poderiam deixar de ser ilimitadas as próprias combinações variadas da matéria."*

— O Plano Espiritual ainda é matéria! – sublinhou Odilon. – O nosso corpo, chamado de "perispírito" pelos encarnados, é feito de matéria! Os átomos e as moléculas apresentam diferentes estados de consistência!...

— Doutor – perguntou Domingas, sempre nos apertando –, Deus é matéria?!

Dei um largo sorriso e observei:

— Ainda bem que esta pergunta não foi feita para mim.

Contudo, sem se apertar, Odilon respondeu:

— Domingas, eu prefiro dizer que Deus e matéria são espírito! Não temos aprendido que a matéria está a caminho da espiritualização?! O *princípio inteligente* não começa o seu estágio no estado mais bruto, ou seja, no reino mineral?! André Luiz, no livro no "Mundo Maior", capítulo 4, transcreve as sábias palavras do Instrutor

Calderaro: *"... o espírito mais sábio não se animaria a localizar, com afirmações dogmáticas, o ponto onde termina a matéria e começa o espírito".*

— É difícil "pegar" você, hem, meu caro?! – brinquei com o amigo que, em minha ótica, com poucas palavras, respondera com precisão.

— Doutor – fez questão Odilon de frisar –, convém, no entanto, deixar claro o que o próprio Galileu disse no parágrafo de número 6: *"Há questões como essas, as quais nós mesmos, espíritos amorosos da Ciência, não poderíamos aprofundar, e sobre as quais não poderíamos emitir senão opiniões pessoais, mais ou menos conjecturas..."*

— Você está coberto de razão – acentuei. – Se, às vezes, a não ser com o boticão, a gente não sabe solucionar o problema de uma simples dor de dente...

— Hoje nem tanto, Doutor, mas é ainda mais ou menos por aí – ressalvou o emérito Professor de Odontologia.

— É verdade – perguntou Paulino – que o homem vem tentando criar um "universo" em laboratório?...

— Sim – respondi. – Os cientistas, lidando agora com a Teoria das Membranas, também chamada Teoria "M", que, segundo Michio Kaku, pode ser "M" de "mãe", ou de "majestosa", têm tentado provocar um colapso entre duas membranas...

— A Teoria das Membranas – lembrou Odilon — surgiu posterior à Teoria das Cordas ou das Supercordas! Estas teorias todas são aproveitáveis e, gradativamente, haverão de ser unificadas, porque uma surge explicando o que outra não conseguiu explicar.

— Segundo os cientistas – continuei –, do choque entre duas membranas, ou duas dimensões, nasce mais um "universo"...

— Meu Deus! – exclamou Domingas. – Que filharada! O que Deus há de fazer com tanta criação?!...

— Infelizmente – repliquei –, esta pergunta, minha cara, você vai ter que fazer diretamente a Ele! O mais espantoso, no entanto, é que cada célula contém material genético para a construção de um corpo inteiro...

— E se o senhor me permite – disse Odilon –, há uma suspeita de que cada mitocôndria – e cada célula possui, em média, mil mitocôndrias –, carregando duas **membranas,** é o retrato microscópico da Teoria "M"...

— A célula conta a História do Universo!

— O átomo conta a História do Universo, Paulino!

— Não entendo nada – aparteou Domingas –, mas que maravilha! Quer dizer que a chamada Teoria "M" também está impressa na mitocôndria, que eu nem sei o que é?!...

— A mitocôndria é responsável pela respiração da célula – ela é o seu pulmão, é ela que a inunda de princípio vital! Dentro dela é que fica o nosso DNA!

— Que órgão importante!

— Não é considerado um órgão, mas, sim, uma organela – um pequeno órgão! – observei.

CAPÍTULO
15

— Hoje – comecei dizendo, retomando os nossos estudos semanais –, no capítulo "Uranografia Geral", vamos comentar sobre os itens "As Leis e as Forças", "A Primeira Criação" e "A Criação Universal" – estes três assuntos estão interligados. Sabemos que, com a Criação do Universo, nasceram as leis que o presidem – leis que, evidentemente, são adaptadas a cada mundo, de cada sistema, em cada galáxia.

— Inclusive – inquiriu Manoel –, as leis são as mesmas para os universos espirituais?

— Claro, porque a Criação não poderia se reger pela instabilidade. A Lei da Gravidade, por exemplo, também se aplica ao Mundo Espiritual. Este tema foi citado por André Luiz, nas obras de sua lavra. Pela leveza do perispírito, em comparação ao corpo carnal, se a Lei da Gravidade não funcionasse para nós, haveríamos de nos perder feito um balão...

— Um exemplo a ser citado, Doutor – observou Paulino –, é o do homem na Lua... Se os astronautas não estivessem, por uma espécie de "cordão umbilical", presos à nave-mãe, ou se valendo de roupas apropriadas, eles sairiam flutuando pela estratosfera!

— E se perderiam no Cosmos! – concluiu Domingas.

— Exatamente!

— Por isto é que Chico dizia que, espíritos de alta periculosidade, nós estamos presos na Terra, e continuamos presos no Mundo Espiritual! A faculdade da volitação aqui é para poucos! O homem há de demorar muito a concretizar o seu velho sonho de voar, sem auxílio de naves espaciais...

— Vamos, então, ler apenas um pequeno trecho de Galileu, inserido no parágrafo "As Leis e as Forças": *"Todas essas forças são eternas, (...) e universais, tal como o é a criação; sendo inerentes ao fluido cósmico, elas agem necessariamente em tudo e em toda a parte, modificando sua ação pela sua simultaneidade ou sucessão; predominando aqui, atenuando-se ali; possantes e ativas em certos pontos, latentes ou secretas em outros; mas finalmente, preparando, dirigindo, conservando e destruindo os mundos em seus diversos períodos de vida, governando os trabalhos maravilhosos da natureza em qualquer lugar que eles atuem, assegurando para sempre o eterno esplendor da criação."*

— Doutor, se me permite um adendo – aparteou Odilon –, falando sobre o perispírito, gostaria de citar "Evolução em Dois Mundos", de André Luiz, quando, no capítulo II, discorrendo sobre o corpo espiritual depois da morte, o eminente autor considera que ele também é passível de *"desgastar-se, na esfera imediata à esfera física, para nela se refazer, através do renascimento, segundo o molde mental preexistente..."* Faço semelhante observação, porque, em suas obras, quando o senhor fala em "morte" do corpo espiritual muitos leitores menos avisados ficam sem entender...

— Agradeço, meu caro, a sua oportuna colocação. Mas, continuo insistindo, o problema é mesmo falta de um estudo mais cuidadoso das Obras Básicas e das que pertencem à lavra de Chico Xavier.

Efetuamos rápida pausa e, cabendo a mim a responsabilidade de conduzir o estudo sobre "A Gênese", comentei em seguida:

— Vejamos a atualidade destes conceitos, somente agora confirmados pela Ciência: *"O mundo, em seu berço, não foi estabelecido na virilidade e na plenitude da vida; não: o poder criador não se contradiz jamais e, como todas as coisas, **o universo nasceu menino**"!* (grifei)

— Que conceito belíssimo! – exclamou Domingas, embevecida.

— Nasceu menino e vem crescendo, não é?! – interrogou Modesta. – Sendo assim, chegará um dia em que ele também "morrerá"?...

— Indubitavelmente! – respondi. – Entre os cientistas, na atualidade, existe um consenso a respeito da "morte" do Universo... O que ainda não existe é um consenso sobre a sua "ressurreição" – eu até diria, sobre a sua "reencarnação"!

— "Reencarnação" do Universo, Doutor?! – inquiriu Domingas.

— Por que não?! Caso contrário, o Universo, como no dizer do poeta, seria eterno apenas enquanto durasse... A infinitude do Universo, naturalmente, inclui a sua "ressurreição"! Desde toda Eternidade, muitos Universos já nasceram e morreram, tornando a "renascer", ou a "reencarnar"... Nada perece! Deus é Deus da vida e não da morte!

— Eu nunca havia ouvido falar em "reencarnação" do Universo – comentou Paulino, reflexivo.

— Ora, meu caro, se um átomo "reencarna"... A todo instante, o átomo "reencarna" e "desencarna", para tornar a "reencarnar"! O mesmo acontece com a célula... O *material genético* de que os mundos se constituem pertence a Deus! A morte definitiva de um Universo seria a "morte" do Criador!

— Doutor, o senhor força muito a cabeça da gente – gracejou Domingas. - Estou até com vertigem...

— *Labirintite cósmica*, não é, Domingas?! – devolveu Modesta, sorridente.

— Está aqui em "A Gênese" – falei: *"Ela não desapareceu, essa substância de onde provêm as esferas siderais; não está morto este poder; pois incessantemente ainda dá à luz novas criações, e recebe incessantemente os princípios reconstituídos dos mundos que se apagam do livro eterno"*.

— Doutor, o senhor mata a cobra e mostra o...

— ...o porrete, Manoel! – emendei, impedindo que ele pronunciasse o termo vulgar que completa o ditado. – Eu não falo nada fora da Codificação!...

— Disto eu sou testemunha, Doutor – sublinhou Odilon. – De fato, tudo quanto o senhor diz ou escreve está explícito, ou implícito, na Codificação! Sobre a "morte" do Universo, que, segundo William Thomson, se dará pelo fenômeno que, em termodinâmica, é chamado de "entropia"...

— Espere aí, gente – solicitou Domingas. – O que é "entropia"?... Estou boiando...

— Em rápidas palavras – explicou Odilon –, seria um estado de desordem de um sistema. Por exemplo: uma pedra de gelo que derrete sofre o fenômeno da "entropia"...

— Seria, então, uma espécie de caos?! – tornou a companheira.

— Podemos considerar que sim – concordou Odilon. – Todavia, hoje existe uma chamada "Teoria do Caos" mostrando que, em sua aparente desordem, existe ordem!

— É simples – falei. – Não existe bagunça na Casa do Pai! O que, aparentemente, se desorganiza está se estruturando em forma mais evoluída!

— Bem – retomou Odilon a palavra –, o que eu queria dizer é que, já em "O Livro dos Espíritos", está escrito que *"Deus renova os mundos, como renova os seres vivos"*... A morte física é um fenômeno entrópico! A morte é o caos do corpo... No entanto, sabemos que os elementos que constituem o organismo carnal apenas e tão-somente se desintegram, para se reintegrarem em outro organismo.

— Lavoisier, considerado o pai da Química moderna, disse, com acerto, que *"em a Natureza, nada se cria, nada se perde, tudo se transforma"*!

— Nada se cria, Doutor?! – interrogou Paulino. – Em que sentido?!

— No sentido de que tudo já foi e continua sendo criado a partir da criação existente. Entendeu? Deixe-me, outra vez, citar o livro "Evolução em Dois Mundos". Logo no seu primeiro capítulo, André Luiz escreveu: *"Essas Inteligências Gloriosas tomam o plasma divino e convertem-no em habitações cósmicas, de múltiplas expressões, radiantes ou obscuras, gaseificadas ou sólidas, obedecendo a leis predeterminadas, nas quais moradias perduram por milênios e milênios, mas que se desgastam e se transformam, por fim, de vez que o Espírito Criado pode formar ou cocriar, mas só Deus é o Criador de Toda a Eternidade".* O "Plasma Divino", ou fluido cósmico, é o elemento primordial de toda a Criação!

— Então, na verdade – ponderou Domingas –, Lavoisier deveria ter dito: "em a Natureza tudo já se criou, nada se perderá, mas tudo se encontra em processo de aperfeiçoamento"?!...

— Quem diria, hem, minha cara, você dando uma mãozinha ao célebre cientista francês!... Está vendo, Odilon: eu não estou falando com você que vamos perder o nosso emprego?!...

A turma descontraiu-se, ensaiou uma zoada com Domingas e, em clima de alegria, seguimos adiante:

— Numa de nossas reuniões anteriores – observei – havíamos mencionado o que disse Galileu sobre a existência de outros reinos. Lembram-se? *"... pois há outros reinos naturais dos quais nem mesmo suspeitamos a existência..."*

— Além dos chamados reinos mineral, vegetal, animal, hominal, espiritual?...

— Existem outros! – exclamei, respondendo ao Manoel.

— O senhor faz ideia de algum outro? – perguntou-me.

— Sabemos de referências ao Reino Celestial, não é?! Fora disto, porém, sinceramente nem consigo imaginar! Mas é belo pensar que tudo se encadeia no Universo, do átomo ao arcanjo, que, segundo os Espíritos, na questão 540 de seu Livro, por sua vez também já foi átomo!

— Como em belíssimo poema – brindou-nos Odilon –, inserido em "Parnaso de Além-Túmulo", Augusto dos Anjos escreveu de maneira magnífica pela magnífica mediunidade de Chico:

*"É que, dos invisíveis microcosmos,
Ao monólito enorme das idades,
Tudo é clarão da evolução do cosmos,
Imensidade nas imensidades!*

*Nós já fomos os germes doutras eras,
Enjaulados no cárcere das lutas;
Viemos do princípio das moneras,
Buscando as perfeições absolutas."*

CAPÍTULO
16

— Antes de encerrar este capítulo – observei –, precisamos enfatizar o que Galileu, expressando-se pela mediunidade do jovem Flammarion, nos fala sobre o Mundo Espiritual – é muito interessante, porque o Mundo Espiritual, ou as Esferas Espirituais, está integrado na Criação Universal. Localizem, por favor, o parágrafo 19, em que se encontra escrito: *"Porém até aqui temos deixado em silêncio o **mundo espiritual**, o qual, ele também, faz parte da Criação e realiza seus destinos segundo as augustas prescrições do Senhor."* Odilon, com você a palavra inicial.

— Achei bastante intrigante – falou o companheiro – este trecho que diz que o Mundo Espiritual também *"realiza seus destinos"*... As várias dimensões espirituais, igualmente, estão sujeitas às Leis da Evolução! Elas não são estáticas!

O Mundo Espiritual se aperfeiçoa! Aliás, num estudo mais acurado das obras de André Luiz este aspecto fica bem nítido... A construção de "Nosso Lar", que é a construção de uma cidade inteira!

— As próprias ampliações, Doutor – falou Domingas –, que têm sido feitas aqui, no "Hospital dos Médiuns", e no "Liceu da Mediunidade"! Na minha ignorância sem tamanho, embora fosse espírita...

— Não adianta ser espírita, se não puser a cachola para funcionar! – aparteei.

— Pois é, confesso que eu não pensava nisto!

— Nem eu – emendou Manoel Roberto.

— Quanto a mim – ponderou Modesta –, o exercício da mediunidade facilitava um tanto o entendimento das coisas, mas não posso deixar de dizer que o Mundo Espiritual foi surpresa também para mim!

— Se, quando eu estava no corpo – comentou Paulino –, alguém me falasse sobre a existência de universidades além da morte, escolas, hospitais, enfim, de tantas instituições a serviço do Conhecimento, eu não acreditaria – para mim, o espírito, sobrevivendo à desencarnação, pairava em algum lugar, numa vida totalmente diferente!

— Ficaria volitando na atmosfera?!...

— Mais ou menos isto, Dr. Inácio – respondeu o valoroso rapaz.

— Outra coisa que, se vocês me permitem – continuou Odilon –, eu gostaria de colocar em destaque é o seguinte: "A Gênese" foi lançada mais de dez anos depois da publicação de "O Livro dos Espíritos" – as páginas assinadas por Galileu foram recebidas nos anos de 1862 e 1863! Então, os Espíritos haviam silenciado sobre o Mundo Espiritual, e mesmo em "A Gênese", editada em 1868, eles pouco revelaram.

— Kardec fez muito em falar sobre o Mundo Espiritual – ele foi um desbravador! – exclamei. – Ele foi o "descobridor" do Mundo Espiritual! Todas as demais crenças religiosas jamais nos forneceram qualquer explicação a respeito das condições de vida do espírito, além da morte do corpo. Limitavam-se, como se limitam, a defender a sobrevivência! Mesmo certas vertentes filosóficas avançadas, como o Hinduísmo e o Budismo, nada disseram sobre este Outro Lado!

— Doutor – ajuntou Domingas –, conforme falei, na condição de espírita e médium, que fui e sou, eu não imaginava que uma cidade espiritual como "Nosso Lar" pudesse crescer! Neste sentido, também agradeço ao senhor, porque foi lendo a sua obra, "Na Próxima Dimensão"...

— Ah, minha cara! Não falemos de "Na Próxima Dimensão" – falemos de "Nosso Lar"! Eu sou um arremedo de espírito escritor, comunicando-me por um arremedo de medo escrevente!...

— Não, tudo bem! Mas foi nesse livro de sua autoria que eu fiquei sabendo que "Nosso Lar" havia crescido e se transformado numa megalópole! Em 1943, a cidade contava pouco mais de um milhão de habitantes...

— Em nosso livro mencionado por você, de fato, eu digo que "Nosso Lar" já contava mais de dez milhões de habitantes! Agora, isto foi em 2002 – faz dez anos! "Nosso Lar" hoje é uma cidade maior que São Paulo!

— Não podemos, Inácio – enfatizou Modesta –, uma vez mais, deixar de ressaltar o valor extraordinário da obra que André Luiz realizou, através de Chico Xavier, minimizando os enigmas que sempre atormentaram a mente humana em relação à Imortalidade! Entender o Mundo Espiritual, sem André Luiz!...

— Como diz a Madre Superiora, "é broca"!

— Quem, Doutor?!

— A Madre Superiora – uma entidade imaginária que vive atormentando a vida de um amigo nosso!

— Ah! – exclamou Domingas, sem nada entender da brincadeira.

— Galileu – voltou a falar Odilon –, em seguida ao trecho que estamos discutindo, acrescentou: *"Não posso dar senão uma informação bem restrita sobre o modo de criação dos espíritos, devido à minha própria ignorância, e devo calar-me ainda sobre certas questões, embora já me haja sido permitido aprofundá-las"*. Mesmo André Luiz também se calou sobre certas questões...

— Sobre certas questões?! – retruquei. – Ele se calou foi sobre muitas questões! Pode-se dizer que ele nem quase abriu a boca... Se o Universo físico nos é desconhecido, imaginemos o Universo espiritual!

— De novo, estou com vertigem – gracejou Domingas.

— Mas a coisa é para dar vertigem a qualquer... Creio que já tive oportunidade de comentar com vocês o que o espírito de Neio Lúcio, escreveu, em 1943, falando, pela mediunidade do próprio Chico, sobre o conteúdo do livro "Nosso Lar", que, naquele tempo, ainda estava sendo psicografado. A referida comunicação foi inserida na obra "Sementeira de Luz": *"O nosso livro é, de fato, um trabalho muito profundo, aparentemente dourado com expressões quase fabulosas! É natural. Os elementos superiores não possuíam outro meio de trazer ao conhecimento dos leitores uma grande organização espiritual, senão desse modo. **E creiam que as narrativas são pálidas no confronto com o real!**"* (grifei)

— "Pálidas narrativas"! – repetiu Manoel Roberto.

— Vocês estão vendo quanto nos compete aprender, a nós, os desencarnados, e muito mais aos nossos irmãos que ainda mourejam na carne?!

— Sem desmerecer Kardec – asseverou Modesta –, em seu extraordinário esforço, numa época extremamente difícil, sem a obra de André Luiz e de Emmanuel, o seu trabalho resultaria inconcluso!

Enquanto breve silêncio se fazia, retomando a palavra, continuei:

— Estamos caminhando para a fase final de nossos estudos de hoje, mas, antes de encerrar, eu gostaria de ler mais este tópico da mensagem de Galileu: *"O espírito não chega a receber a iluminação divina, que lhe dá, ao mesmo tempo, o livre-arbítrio e a consciência, a noção de seus altos destinos, sem haver passado pela série divinamente fatal dos seres inferiores, entre os quais se elabora lentamente a obra de sua individualidade; é somente a partir do dia em que o Senhor imprime sobre sua fronte seu augusto sinal, que o espírito toma lugar entre as humanidades".* Este tópico se ajusta perfeitamente ao que nos diz Emmanuel no capítulo segundo de "A Caminho da Luz": *"Os séculos correram o seu velário de experiências penosas sobre a fronte dessas criaturas de braços alongados e de pelos densos, **até que um dia as hostes do Invisível operaram uma definitiva transição no corpo perispiritual preexistente, dos homens primitivos, nas regiões siderais e em certos intervalos de suas reencarnações**"*! (grifei)

— A evolução, então, mesmo a evolução biológica, acontece dos Dois Lados da Vida? – inquiriu Paulino.

— Exatamente – antecipou-se Odilon. – As transformações que vão ocorrendo no perispírito é que determinam as transformações que ocorrem no corpo carnal! Eis aqui outra necessidade da reencarnação no Mundo Espiritual para o aperfeiçoamento da forma! As coisas não acontecem por mágica...

— Se não acontecesse essa "mistura" de genes no Mundo Espiritual, o homem sobre a Terra sempre lidaria com o seu mesmo patrimônio cromossômico, sem que algo de novo se lhe pudesse acrescentar!

— Doutor – falou Domingas –, eu quero ver agora os exegetas saírem desta... Este seu argumento é um dos melhores que já ouvi, em defesa da tese da reencarnação no Mundo Espiritual, que, para nós, é mais que óbvia – é necessária à evolução!

— Pode deixar, minha cara, que os exegetas darão um jeitinho! – ironizei.

— Emmanuel – reafirmou Odilon –, nos dois próximos parágrafos de "A Caminho da Luz", aduziu: *"Surgem os primeiros selvagens de compleição melhorada, tendendo à elegância dos tempos do porvir. Uma transformação visceral verificara-se na estrutura dos antepassados das raças humanas."*

— É com a reencarnação em nossa Dimensão de espíritos que vêm de uma Dimensão Superior que os nossos caracteres biológicos vão se aprimorando – falou Modesta.

— E com os nossos caracteres biológicos um tanto aprimorados – falei – é que vamos ao mundo, levando em nossa organização espiritual nova disposição genética, para que, gradativamente, o corpo físico se aperfeiçoe...

— Eureka! Teria exclamado eu – disse Domingas –, se ainda estivesse na Terra, porque é de tão clara lógica a questão da reencarnação no Mundo Espiritual!

— Penso que, sendo assim – ponderei, fechando os diversos livros abertos sobre a mesa –, podemos encerrar os nossos proveitosos estudos de hoje. Na próxima semana falaremos sobre "Os Sóis e os Planetas", "Os Satélites" e os "Cometas"!

— Quão abrangente é a nossa Doutrina, não?! – comentou Modesta. Kardec, além de se concentrar sobre o Mundo Espiritual, debruçou-se também sobre os primórdios da Vida na Terra, mostrando a perfeita interação entre espírito e matéria – entre o Plano Físico e o Plano Extrafísico!

— Deixando claro que a Vida, de fato, viaja na luz, ou seja: do Centro da Luz, que é Deus, ela se projeta sobre o Universo em expansão! Sem o Mundo Espiritual, a Terra não existiria! Como diziam os sábios hindus: *"Na verdade, meu caro, é dessa fina essência que tu não vês, que as grandes figueiras crescem"*!

CAPÍTULO
17

Quando a turma, pontualmente, chegou para mais um encontro de estudos sobre "A Gênese", eu disse a eles:

— No uso das atribuições que me foram conferidas por vocês e por mim mesmo, hoje o nosso estudo está suspenso.

— Ué, qual o motivo? – inquiriu Domingas. – Desencarnou, ou melhor, reencarnou alguém por quem devemos chorar?!...

— Não, minha cara! – retruquei. – É que a gente não pode viver só com a cabeça nas estrelas... Vamos lá para a cozinha, tomar um chá com a Anastácia e jogar conversa fora.

— Mas, Inácio – ponderou Modesta –, vão dizer que você é indisciplinado e coisa e tal...

— Eu não estou nem um pouco preocupado com "coisa e tal"! Que dirá com "indisciplinado"!...

Não se preocupem, que tem gente que fala mal da gente por necessidade.

— Doutor – veio Manoel Roberto –, mas não estamos ainda nem na metade do livro!...

— Deus também – respondi – não está nem na metade da Criação... Se o Universo continua crescendo, nós não podemos fazer uma pausazinha?! Ora, Manoel, este é um tipo de estudo para sempre! Você não se recorda do que Kardec escreveu na belíssima introdução de "O Livro dos Espíritos"?! *"Dirigimo-nos, portanto, aos que são bastante ponderados para duvidar do que não viram, mas, julgando o futuro pelo passado, não creem que o homem tenha atingido o seu apogeu, nem que a Natureza tenha virado, para ele, a última página do seu livro".*

— O que vamos lanchar, Doutor? – indagou Odilon, compreendendo a minha proposta.

— Nada de mais – expliquei. – Falei com Anastácia para ver se conseguia obter alguma coisa no mercado-negro... Eu estou com vontade de comer um pão-de-queijo genuíno!

Todos sorriram e convidei:

— Vamos, que estamos perdendo tempo! Eu já estou sentindo o cheiro de pão-de-queijo, assado com polvilho de verdade, queijo curado – daqueles que a "ANVISA" mandou sequestrar lá no Mercado Municipal de Uberaba e jogar dentro de uma vala!...

— Inácio – exclamou Modesta –, quem fez você jogou a receita fora!

— Ah, que saudades do pão-de-queijo do "Pedro e Paulo", naquelas reuniões de madrugada, aos sábados e domingos! Que pitoresco!...

— Habitualmente – argumentei –, a gente apenas valoriza as coisas que tem quando as perde... De fato, eu também amo aquelas reuniões, nas quais, muitas vezes, eu presenciei você, Domingas, acordando a turma que estava dormindo e roncando nos bancos para ouvir as preleções do Evangelho!

— Que perfume bom! – foi a vez de Paulino comentar. – Está parecendo chá de folha de laranjeira!

— Isto significa que, pelo menos no que tange ao chá, a aquisição de produtos na clandestinidade não funcionou! Eu tinha recomendado a Anastácia que também comprasse café... Chá com pão de queijo não funciona muito bem – o melhor é café mesmo, café preto, fumegante, passado na hora!...

Chegamos à cozinha do Hospital e fui logo dando um abraço na minha analista preferida.

— Anastácia – perguntei –, você não conseguiu café?! Não é possível! Em "Nosso Lar" eles contrabandeavam carne – aqui eles não conseguem contrabandear nem café?! Odilon, você precisa tomar providências – gracejei, arredando cadeiras para o pessoal se acomodar.

— Este meu Doutor é a alegria da minha vida! – comentou a querida auxiliar, estendendo com muito gosto alva toalha sobre a mesa.

— E para o pão-de-queijo? – perguntei com uma piscadela de cumplicidade. – Conseguiu o polvilho e o queijo mineiro?...

— Fiz o possível, Doutor. O senhor sabe: as macaxeiras não crescem muito bem por aqui, não!...

— Odilon, este Mundo Espiritual está muito pobre! Donde é que já se viu nem macaxeira crescer?! Se cresce até em Garanhuns, quase nos confins de Pernambuco!... Eu parei na estrada com uns amigos que foram tomar o café-da-manhã. Sabem o que veio no café-da-manhã? Macaxeira cozida, ovos estrelados, cuscuz, tapioca de coco, carne-seca, café com leite... Ah, desencarnar não está valendo a pena!...

— Hum, que delícia de chá, Anastácia! – disse Domingas, quase em transe com a chávena de chá entre as mãos.

— Como você mente bem, minha cara! – brinquei. – Eu sei que você preferiria um copo de Coca-Cola gelada e um pão com mortadela... E tem razão, porque eu também!

— Inácio, você, às vezes, parece criança – disse-me Modesta, sorrindo.

— Eu achei que vocês estavam com raiva de mim – replicou Anastácia. – Só estudando, estudando, e nem uma visitinha mais à cozinha!... Cheguei a pensar que, de tanto estudar, vocês já tivessem se sublimado!

— Ninguém se sublima só de tanto estudar, minha querida – obtemperei. – Nós viemos aqui buscar o que em você existe de sobra: coração e, porque não dizer, sabedoria natural!...

— O que vocês estão estudando toda semana, com tamanho afinco? Eu os vejo se encaminhando muito sérios e...

— Circunspectos! – emendei.

— Não sei o que significa esta palavra, não, mas, se o Doutor falou, está falado!

— Estamos estudando "A Gênese", de Allan Kardec – informou Manoel. – Estou aprendendo muito, Anastácia! Trata-se de um estudo muito profundo sobre a Criação Divina...

— O meu bisavô – contou Anastácia –, que era escravo, dizia que o mundo havia sido criado a partir de uma árvore, que unia o Céu e a Terra – foi através de seus galhos que os deuses desceram e fizeram tudo o que existe... Ele explicava que, segundo a nossa tradição, existem nove espaços: quatro dentro da Terra e três acima dela... Todos os espíritos vivem neles!

— Vocês estão vendo?! – perguntei. – Vocês acham que viemos aqui só para tomar chá de folha de laranjeira e comer pão-de-queijo de contrabando?!

— Para cada um de nós que era modelado de barro pelos deuses, nascia uma árvore – continuou Anastácia. – Òrì ñàlá é o nosso Grande Pai – na tradição *yorubá*! Para nós, *Yansán* é um espírito muito poderoso! É a senhora dos ventos e das tempestades... *Ogum* também, que é chefe das milícias celestes! *Xangô*!...

— O que você acha disto, Anastácia? – indaguei.

— Ah, Doutor, é tudo igual – só muda o nome! Na Ciência, também só muda o nome! Debaixo da pele, todo homem é igual! As divindades que os meus antepassados adoravam são os mesmos que todos os homens reverenciam: *Iemanjá*, por exemplo, é Nossa Senhora – tem Nossa Senhora branca, negra... Nossa Senhora até de olhos rasgadinhos!

— Nossa Senhora de Akita! – esclareceu Odilon.

— Para os espíritas – comentou Domingas – é simplesmente Maria de Nazaré!

— Sabe, Doutor, é muito bom a gente saber as coisas, mas melhor ainda é saber o que fazer com as coisas que a gente sabe!

— Tomou, Manoel?! – provoquei.

— Eu, Doutor, estou aqui quietinho no meu canto...

Domingas, Modesta, Paulino e Odilon sorriram com grande espontaneidade.

— Deixem-me trazer outro bule com chá mais quente – falou Anastácia se afastando, como uma rainha que se sentia feliz por servir a seus súditos.

— Ela é formidável! – sussurrou Domingas.

— Ah! – exclamei –, como eu tenho medo de a cultura estragar Anastácia... Que Deus lhe ponha virtude!

— O que o senhor disse, Doutor?! – perguntou, já voltando com o bule na mão.

— Que eu tenho medo de você se transformar em mim: um médico tolo e bobo! Acho que, em

"Atos dos Apóstolos", no capítulo 26, versículo 24, foi a única coisa que, perante o rei Agripa, Festo disse a Paulo com algum proveito para os pósteros: *"...as muitas letras te fazem delirar"*... É por isto, Anastácia, que nós viemos nos refugiar na cozinha – na verdade, chamei os amigos para nos preservarmos da loucura!

— O senhor é o meu ídolo – o senhor e o Carlos Galhardo!
— Carlos Galhardo?! – inquiri com surpresa.
— Ah, o meu sonho, um dia, é ouvi-lo cantar pessoalmente e, se possível, dançar com ele...
— Anastácia!

Sem que esperássemos, ela começou a cantarolar:

"Uma casa pequenina
Com janelas para o mar
Bem distante, uma colina
Onde, à noite, a Lua vai passear!...

— Carlos Galhardo – esclareceu Odilon –, foi um cantor da era do Rádio... Ele era argentino, mas, com a família, mudou-se para o Brasil quando tinha apenas dois meses de idade. Desencarnou em 1985! Eu e a Dalva também o apreciávamos muito... Um de seus maiores sucessos foi a música "Salão Grená"!

E, sem que esperássemos, Odilon começou a cantarolar:

*"Num salão grená, paira pelo ar
Nota esmaecida..."*

Demonstrando seus conhecimentos, Anastácia emendou, ensaiando passos de dança na cozinha:

*"Um perfume tem,
Resto da canção que foi minha vida..."*

— Pronto! – exclamei. – Agora arranjei um rival e, ainda, por cima, argentino! Não que eu tenha algo contra os *hermanos* – só no futebol!...

Manoel Roberto, que sempre gostou do malfeito, disparou a rir.

CAPÍTULO
18

Na outra semana, após o descontraído recreio que tivéramos na companhia de Anastácia, retomamos o batente.

— Bem – disse eu –, vamos estudar "Os Sóis e os Planetas", "Os Satélites" e "Os Cometas". Todos estes corpos celestes são derivações da matéria cósmica primitiva! Um deles é a Terra, que deu origem à Lua, que é o seu satélite. Entre os corpos celestes também existe uma hierarquia, sendo que as formações mais simples, quando se desintegram, ou "morrem", dão origem a formações de natureza mais complexa. A Criação é uma Força Centrífuga, ou, em outras palavras, uma Força de "Escape"... A Evolução é uma "Força Centrípeta" – uma Força que, de maneira irresistível, tudo atrai para o seu centro!

— Emmanuel, em "A Caminho da Luz" – comentou Domingas –, escreveu que, *"nessa computação de valores cósmicos em que laboram os operários da espiritualidade sob a orientação misericordiosa do Cristo, deliberara-se a formação do satélite terrestre".* E, sendo assim, eu faço uma perguntinha: — Os mundos se formam pela ação das Leis Naturais ou pela interferência dos espíritos cocriadores?...

— Uma perguntinha, não é Odilon?! – falei, transferindo ao amigo a responsabilidade de responder à sua antiga pupila na "Casa do Cinza".

— Domingas, o tema, naturalmente, comporta muitas digressões...

— Infindáveis digressões e discussões! – exclamei.

— Eis, no entanto, como eu entendo a questão e posso responder a você, sem a pretensão de ser a verdade última. Os Espíritos Superiores, em "O Livro dos Espíritos", nos esclarecem que somos os agentes da Vontade Divina no Universo... Penso que evoluir será nos integrarmos com as Leis do Criador, nos transformando em seus intérpretes conscientes!

— Gostei, Odilon! – Estou gostando! – observei, admirando os conhecimentos do Instrutor.

— O Espírito evoluído é um dos "braços" de Deus na Criação! – continuou. – Emmanuel, ainda no livro citado por você, afirma que *"as mãos de Jesus haviam descansado, após o longo período de confusão dos elementos físicos da organização planetária".* Adiante, acrescenta: *"Operou a escultura geológica do orbe terreno, talhando a escola abençoada e grandiosa..."*

— Todavia – interrogou Modesta –, não devemos entender tais palavras em sentido figurado?

— Sim e não! – respondeu de pronto o confrade. – Sim, porque não podemos crer que Jesus tenha modelado a matéria cósmica como o oleiro que modela uma porção de argila com as mãos... Não, porque, de fato, ele deve ter plasmado o orbe sob a ação de seu Pensamento Divino!...

— É plausível! – disse Modesta, dando-se por satisfeita com a explicação.

— Dr. Odilon – inquiriu Paulino –, pelo que estou entendendo, Jesus, por exemplo, era, e naturalmente é, um "reflexo" da própria Lei de Deus, porque, em última análise, Deus se confunde com as suas próprias Leis, que são manifestações de sua Vontade!

— Podemos, perfeitamente, entender assim – explanou. – Estamos evoluindo para nos harmonizarmos com o Criador... Quando Jesus disse ser Um com o Pai, declarava a sua perfeita identidade com as Leis que, por Ele, se expressavam! Em "O Livro dos Espíritos", Kardec afirma sobre os Espíritos Puros: *"São os mensageiros e os ministros de Deus, cujas ordens executam, para a manutenção da harmonia universal"*!

— Também – ponderou Domingas –, se assim não fosse, o que os Espíritos Puros haveriam de fazer no Universo?! Mas eu tenho mais uma perguntinha... Posso fazê-la, Doutor?! – questionou-me.

— O Odilon está à vontade. Pode perguntar – repliquei.

— Jesus Cristo, com os seus colaboradores, plasmou o orbe terrestre... Existem espíritos que, por exemplo, plasmaram o nosso Sistema Solar?!

— A lógica nos leva a concluir que sim – esclareceu o interpelado. – À exata medida que se expande, o espírito em evolução vai arcando com maiores responsabilidades... Além dos que trabalharam plasmando o nosso Sistema Solar, existem os que plasmaram a nossa Galáxia, que é a Via-Láctea!

— E, com certeza, outros que plasmaram galáxias maiores?...

— Isto, Domingas, é no mundo "macroscópico" – aparteei. – Entretanto no mundo "microscópico" se dá o mesmo... Alguns espíritos que se sacrificam por determinado grupo familiar, estão ensaiando para, daqui a alguns séculos, se sacrificarem por uma nação e, daqui a alguns milênios, se sacrificarem pela Humanidade!...

— Interessante!

— O espírito é constrangido a se crucificar para se cristificar, mas, depois que se cristifica, voluntariamente se crucifica!

— Como é mesmo, Doutor?! – questionou a irmã perguntadeira.

— O espírito sofre para evoluir, no entanto, depois que evolui, "sofre" para fazer evoluir! Entendeu?!

— Entendi – respondeu como quem preferiria não ter feito a pergunta.

— Então, sigamos – exortei. – Deixemos os sóis, os planetas e os satélites de lado e nos concentremos nos cometas.
— No Halley! – exclamou Paulino.
— O Halley é o mais famoso deles – redargui. – Passa na órbita terrestre a cada 76 anos... Vocês sabiam que ele passou pela Terra, em 1910?! Pois não é curioso?! Quando Jesus Cristo nasceu, dizem, uma estrela, saudando o seu nascimento, brilhou de maneira inusitada no céu – não teria sido um cometa?! Ao nascer Chico Xavier, em 1910, o Halley deu o ar de sua graça...

— A Ciência tem chegado à conclusão – informou Odilon – de que os cometas são encarregados de fertilizar os planetas com substâncias químicas e compostos orgânicos...

— Aliás, confirmando o que Galileu escreveu em "A Gênese": *"Eles vão sucessivamente de um sol para outro, enriquecendo-se por vezes no caminho com fragmentos planetários reduzidos ao estado de vapores, recebendo nos seus focos os princípios vivificantes e renovadores que derramam sobre os mundos terrestres".*

— Parece uma página de revista científica atual – ponderou Paulino.

— Mas foi psicografada em 1862 ou 1863, numa antecipação de 100 anos! – retruquei. – Vejam que interessante: a Terra pode ser comparada a um "grande óvulo"... Os cometas, que sobre ela se precipitaram em forma de meteoros e meteoritos, parecem "espermatozoides" siderais...

— Doutor, onde é que o senhor arranja estas coisas?! – falou Manoel, admirado.

— Que coisas, Manoel?! Os cometas trouxeram para a Terra o DNA do Universo! Como os espermatozoides, eles têm cabeça e tudo – mas a cauda é descartável!

— A imagem é muito bonita, Doutor! – comentou Odilon.

— Por tal motivo, em um de nossos livros, dissemos que "A Vida Viaja na Luz"! A Vida se irradia dos Altiplanos da Criação Universal! Quando os cometas se precipitaram sobre a Terra, ela ficou "grávida" e, então, o protoplasma, que é a sua ejaculação, depositado na água tépida dos oceanos, começou a se desenvolver...

— O corpo humano repete o ato da Criação Divina! – exclamou Modesta.

— E tanto repete que o homem, nos primeiros dias da formação de seu corpo, não passa de um "girino"...

— "Girino"?! – indagou Paulino.

— Filhote de sapo! Um batráquio – eis o que o homem é! – gracejei. - No livro "Evolução em Dois Mundos", André Luiz diz que *"o princípio inteligente gastou, desde os vírus e as bactérias das primeiras horas do protoplasma na Terra, mais ou menos quinze milhões de séculos, a fim de que pudesse, como ser pensante, embora em fase embrionária da razão, lançar as suas primeiras emissões de pensamento contínuo para os Espaços Cósmicos"*!

— Quando o Halley haverá de voltar a Terra?! – sabatinou Manoel.

— Agora está marcado para 2061! – respondi brincando. – Até lá, talvez, você já tenha reencarnado, não é?! Mas, segundo Galileu, os cometas também podem desaparecer da órbita de um sol, quando atraídos por outro sol mais poderoso, de massa que o faça se desviar de sua rota... *"Talvez um sol mais poderoso, mais importante que aquele que o cometa deixou, exerça para com esse cometa uma atração preponderante, e o receberá no cortejo de seus próprios súditos, e então os filhos admirados de vossa pequena Terra aguardarão em vão a volta que tivessem prognosticado por observações incompletas".*

— De fato, a Ciência terrestre ainda é muito incipiente...

— A Ciência dos homens, Domingas, que, por vezes, não consegue a cura de um resfriado, não tem a menor condição de qualquer palavra definitiva a respeito de nada... Para acertarmos, ainda vamos errar muito!

— Dr. Inácio, o senhor acredita em OVNIs?!

— Pronto! Lá vem você de novo!... Você deve ter sido a reencarnação de um doutor da lei, Domingas! Nunca vi gostar de apertar a gente desse jeito... Mas o Odilon está aqui de plantão!

— Estou, Doutor, mas agora o senhor responde: o senhor acredita em OVNIs? – repetiu o confrade sorridente, tamborilando com os dedos sobre a mesa.

— Claro que acredito – respondi sem vacilar. – Existem OVNIs até aqui, no Plano Espiritual! Isto já foi escrito por Chico Xavier!...

— Onde?! – quis saber Modesta, curiosa e admirada.

— No livro "Obreiros da Vida Eterna"! O que é a "Casa Transitória de Fabiano", senão um OVNI?! A Casa Transitória é uma instituição "voadora", que plana silenciosamente nas regiões de sofrimento, nas proximidades da Crosta!

— É mesmo! Eu nunca havia pensado nisto!...

— Domingas, além de você ser, com certeza, a reencarnação de um doutor do Sinédrio, daqueles que viviam tentando a Jesus, eu tenho que reconhecer que você faz muito bem o papel de advogado do diabo...

CAPÍTULO
19

— Hoje comentaremos – disse eu, abrindo os estudos da semana sobre "A Gênese" – a respeito dos temas "A Via Láctea", "As Estrelas Fixas" e os "Desertos do Espaço". Que fique claro que estamos fazendo uma síntese, mesmo porque nos faltam maiores conhecimentos para explorarmos os temas em profundidade.

— A Via Láctea é a nossa galáxia, não, Doutor?! – perguntou Domingas.

— Sim – respondi. – Ganhou este nome porque, a olho nu, temos a impressão de observar, em seu conglomerado de estrelas, uma estrada "leitosa" – a Via Láctea é um verdadeiro "ninho de mundos"! Cálculos aproximados afirmam que ela contém 100 bilhões de estrelas!

— Estonteante! – exclamou Manoel. – Chega a ser inconcebível ao cérebro humano!

— E os cientistas – aduzi – estimam que, no Universo, existam 100 bilhões de galáxias, maiores e menores que a nossa, que, por exemplo, diante de uma das próximas de nós, a Galáxia de Andrômeda é uma laranja perto de uma bola de futebol!

— Meu Deus! – admirou-se Domingas.

—Ainda segundo os cientistas – foi a vez de Odilon opinar –, daqui a alguns bilhões de anos, as duas galáxias haverão de se chocar, porque estão se aproximando uma da outra à velocidade média de 500 k/h!

— Elas irão se chocar?! – inquiriu Paulino.

— Dando origem a outras galáxias, dentro do esquema evolutivo previsto pelas Leis Naturais – porque até as próprias galáxias estão sujeitas à evolução. Como nos diz Emmanuel, através de Chico Xavier, *"tudo muda, menos a Lei da mudança"*!

— As galáxias também se aperfeiçoam?! – quis saber Modesta.

— Tudo o que existe, Modesta, tende à perfeição. Os órgãos que compõem o nosso próprio corpo físico ou espiritual estão em constante mutação. Somente Deus é imutável!

— Que maravilha, a Criação! – exclamou a devotada companheira. – Como o homem, com infinitas possibilidades de vida semelhante à vida humana, pode se sentir sozinho no Universo! E isto tudo, não é, Inácio, sem cogitarmos dos Universos constituídos de matéria mais rarefeita?! A vida existe dentro da Vida! Os mundos estão "dentro" de outros mundos!...

— As galáxias maiores, qual não poderia deixar de ser, exercem papel mais importante nas nebulosas – observou Odilon. – Assim como os espíritos, elas também são regidas por uma hierarquia... Sírius, a principal estrela da constelação do "Cão Maior", conhecida como a "Rainha dos Céus", é maior que o nosso Sol milhares de vezes...

— Foi de lá que desceu Alcíone! – aparteou Domingas. – Vocês se recordam?! Emmanuel, no livro "Renúncia", descreve a sua "descida" para auxiliar na redenção de Pólux, que reencarnaria como o Padre Carlos Clenaghan!

— Eu me recordo, Domingas – comentou Modesta. – Por sinal, uma história maravilhosa! Em diálogo com Antônio, Mentor espiritual de elevada hierarquia, Alcíone, antes de reencarnar, é alertada por ele das dificuldades que enfrentaria ao voltar à Terra: *"Já ponderaste nos obstáculos imensos? Lembra que o próprio Jesus, penetrando na região terrena, foi compelido a se aniquilar em sacrifícios pungentes. Recorda que as leis planetárias não afetam somente os espíritos em aprendizado ou reparação, mas, também, os missionários da mais elevada estirpe"*!

— Vejamos – disse Odilon –, que nem o Senhor escapou à ação das Leis que regem o orbe de expiações e provas, ao qual ainda nos encontramos ligados – embora, diga-se de passagem, estejamos longe de conhecer a todas elas! Antênio, no diálogo com Alcíone, ainda lhe dirige a indagação: *"Sentes-te bastante forte para assumir tão grave compromisso? Conheço numerosos irmãos que, depois de pedirem missões arriscadas como esta, voltaram onerados de mil problemas a resolver, retardando assim preciosas aquisições".*

— Tornaram a adquirir compromissos de natureza cármica, dos quais já haviam se desonerado! – enfatizei. – Evoluir não é tão simples assim! Precisamos estar preparados não apenas para "voar" para cima, mas igualmente para "voar" para baixo...

— Será que Alcíone já voltou à Terra, depois disto?! – interrogou Paulino.

— Não, absolutamente! Alcíone, com a graça de Deus, logrou retornar ao Plano Espiritual de espírito ainda mais engrandecido – a sua tarefa, felizmente, coroou-se de êxito.

— Quantas conjecturas, não?! – ponderei. – Mas, precisamos seguir adiante com os nossos estudos... O certo é que o espírito, mesmo de elevada hierarquia, necessita estar muito bem preparado para descer aos mundos inferiores e cumprir determinada missão. Galileu, no comunicado que estamos analisando, que, óbvio, foi recebido em diversas oportunidades, e não de um só fôlego, escreveu que *"até agora apenas falamos de uma nebulosa; seus milhões de sóis, seus milhões de terras habitadas não formam, como já temos dito, senão uma ilha no infinito arquipélago"*!

— Galileu – elucidou Odilon – descobriu as consideradas quatro maiores luas de Júpiter: Io, Europa, Ganímedes e Calisto! Hoje, no entanto, sabe-se que Júpiter possui, no mínimo, 62 luas!

— O quê?! – perguntou Domingas. – 62 luas! É lua que não acaba mais!...

— Capaz de inspirar a todos os poetas, Domingas, mesmo os mais medíocres como eu!

— E os enamorados, então! – exclamou, sonhadora.

O pessoal sorriu, descontraído.

— Que planeta mais "aluado", não é, gente! – continuou a brincar a querida irmã! – 62 luas!...

— Vocês sabiam – perguntou Odilon – que a Ciência já descobriu a existência de água em Europa, que é a menor das quatro luas que Galileu descobriu?!

— Odilon – comentei –, todos os planetas contêm água – ou melhor, contêm os elementos, hidrogênio e oxigênio, seja na sua atmosfera ou em sua crosta, que constituem o precioso líquido! A água, em forma liquefeita ou não, é o elemento de "ligação" da matéria, pois um planeta qualquer sem água se desagrega... Um corpo sem água morre! A Ciência ainda há de admitir isto! A questão é que a nossa bioquímica é diferente da bioquímica que sustenta a vida em outros orbes! Os nossos instrumentos de aferição são construídos para aferirem elementos de vida semelhantes aos encontrados na Terra... Em

Marte, por exemplo, existe a presença de gelo nas calotas polares! Por conta disto, e outros fatores, *tem pesquisador que, inclusive, admite que a vida na Terra tenha vindo de lá!*

— Quanta coisa, meu Deus! – replicou Domingas.

— E Galileu acrescenta – falei, dispondo-me a ler: *"Um deserto imenso, sem limites, estende-se para além da aglomeração de estrelas de que acabamos de falar e a rodeia. Solidões sucedem a solidões, e as planícies incomensuráveis do vácuo se estendem ao longe".*

— Desertos cósmicos! – balbuciou Manoel.

— Aparentemente sem vida – frisei. – Mas a vida está presente em toda parte – não há uma fatia de espaço que não esteja vitalizada! Isto é impossível! Nenhuma parte de nosso corpo pode ficar sem oxigênio – nenhum espaço da Criação pode ficar sem o "hálito" de Deus!

— O mesmo acontece nas dimensões espirituais – explanou Odilon. – O "vazio" não é concebível nem pelo pensamento! Em "O Livro dos Espíritos", na questão 63, os Mentores disseram que nem a matéria pode viver sem o "princípio vital"... A realidade do Mundo Espiritual se impõe por necessidade lógica!

— Aliás, aproveitando o que você diz, permita-me ler a questão 58 de "O Livro dos Espíritos" e sua respectiva resposta: — *"Os mundos que estão mais distanciados do Sol são privados de luz e calor, uma vez que o Sol lhes aparece apenas como uma estrela?"* – *"Acreditais, então, que não há outras fontes de luz e de calor, além do Sol? Não tendes em nenhuma conta a eletricidade, que, em certos mundos, desempenha um papel desconhecido para vós e bem mais importante que o que lhe cabe na Terra? Aliás, não dissemos que todos os seres vivem da mesma maneira que vós e com órgãos semelhantes aos vossos".*

Efetuando diminuta pausa, prossegui:

— Chegará o momento em que o homem, na Terra, aproveitará a energia proveniente das descargas atmosféricas – do raio, do trovão, como vem aproveitando a do Sol e a do vento. Aqui, por exemplo, na dimensão em que nos encontramos presentemente situados, extraímos do Sol quase toda a energia que consumimos – ela nos é mais que suficiente! Todavia, conforme sabem, já possuímos tecnologia para captar a energia proveniente de outras Esferas – para nós, a questão energética deixou de ser um problema, como, infelizmente, vem se constituindo num desafio que os homens encarnados ainda terão que superar neste terceiro milênio.

— As considerações do senhor, neste aspecto – observou Odilon –, são de grande relevância, porque, para que a Terra passe a ser um Mundo de Regeneração, conforme se espera, a Humanidade terá que deixar de esgotar os recursos naturais do Planeta... Segundo notável cientista da atualidade, Michio Kaku, a Terra ainda é um mundo Tipo "0"...

— Tipo "0"?! O que significa?! – inquiriu Domingas.

— Sem, evidentemente, ser espírita, este físico, qual Kardec citou sobre a progressão dos mundos, destaca quatro tipos de civilização: Tipo "0", Tipo I, Tipo II e Tipo III... A civilização Tipo "0", que, infelizmente, é a nossa, busca obter energia a partir das plantas mortas, do petróleo e do carvão; a Tipo I aproveita toda a luz que emana do Sol... E vai por aí afora. Diz ele, por exemplo, que a Internet é o início da civilização Tipo I no sistema de telefonia!

— Entendi! – retrucou a confreira. – É a escala da evolução dos mundos feita pela Ciência: Mundo Primitivo, Expiação e Provas, Regenerador, Feliz?!...

— Como a Ciência, com espontaneidade, vem se aproximando das concepções da Doutrina! – considerou Modesta.

— Sobre as questões da energia que emana do raio – concluí –, há um cientista na Flórida, Dr. Joseph Dwyer, que, apelidado "domador de raios", está trabalhando, inclusive, com a possibilidade de provocar raios numa tempestade – o próximo passo será captar a energia eletromagnética que emana dessa fabulosa descarga atmosférica!

CAPÍTULO
20

Na outra semana, antes de retomarmos os estudos sobre o capítulo VI, de "A Gênese", nossa irmã Domingas me interpelou:

— Dr. Inácio, na reunião passada, o senhor tinha comentado sobre a energia oriunda das descargas atmosféricas, chegando a exemplificar com a energia da força do raio e do barulho do trovão... Que o homem, futuramente, venha a aproveitar a força do raio, tudo bem, mas do trovão?...

— Minha cara – respondi –, você se esqueceu de que, quase sempre, a ação se faz anteceder pela palavra? Está escrito no livro de "Gênesis", capítulo 1, versículo 3: *"Disse Deus: Haja luz; e houve luz"*! O verbo é criador! A palavra nada mais é que vibração de natureza elétrica, na força do pensamento que se arremessa!

— A explicação do Dr. Inácio – completou Odilon – não é destituída de lógica. Ela me faz recordar do que André Luiz escreveu no livro "Missionários da Luz", capítulo 10, intitulado "Materialização. Ao descrever o fenômeno da "voz direta", através do aparelho fonador que os espíritos haviam confeccionado, manipulando ectoplasma, disse ele: *"Com assombro, verifiquei que através do pequeno aparelho improvisado **e com a cooperação dos sons de vozes humanas, guardadas na sala**, nossa voz era integralmente percebida por todos os encarnados presentes"*. (destaquei)

— Entendeu?! – inquiri, agradecendo a oportuna citação do Instrutor.

— Nossa! – exclamou, meneando a cabeça de leve. – Eu nem me lembrava disto!...

— Eu jamais supus – ajuntou Modesta – que, num serviço de materialização, até os sons das vozes humanas, *"guardadas na sala"*, fossem aproveitados!

— Daí, meus amigos – falei –, não podermos nos esquecer de que existem vozes e vozes, não é?! Se nós temos aquelas que criam, temos também as que destroem... Pelo poder da Palavra é que o Senhor limpou leprosos, curou paralíticos, ressuscitou mortos!...

Enquanto todos nós refletíamos sobre o assunto, abri o quinto volume do Pentateuco e anunciei:

— Bem, hoje vamos encerrar este capítulo, "Uranografia Geral", tecendo rápidos comentários sobre "Sucessão Eterna dos Mundos", "A Vida Universal" e "Diversidade dos Mundos".

— Como têm sido proveitosos estes nossos estudos! – observou Paulino. – A gente adquire outra visão, mais profunda e abrangente da Vida!

— Comecemos com a frase – disse, dispondo-me a lê-la: *"... a morte não é somente uma metamorfose do ser vivente, mas ainda uma transformação da matéria inanimada..."*

— Doutor – ponderou Odilon –, o senhor me perdoe se, já de início, participo com tantos apartes dos estudos de hoje. Mas é que me lembrei de um soneto, inserido no maravilhoso "Antologia dos Imortais", obra psicografada pelos médiuns Francisco Cândido Xavier e Waldo Vieira. Ele é de autoria de Adelino da Fontoura Chaves, que nasceu no Estado do Maranhão. Intitula-se "Jornada".

Fui átomo, vibrando entre as forças do Espaço,
Devorando amplidões, em longa e ansiosa espera...
Partícula, pousei... Encarcerado, eu era
Infusório do mar em montões de sargaço.

Por séculos fui planta em movimento escasso,
Sofri no inverno rude e amei na primavera;
Depois, fui animal, e no instinto da fera
Achei a inteligência e avancei passo a passo...

Guardei por muito tempo a expressão dos gorilas,
Pondo mais fé nas mãos e mais luz nas pupilas,
A lutar e chorar para, então, compreendê-las!...

Agora, homem que sou, pelo Foro Divino,
Vivo de corpo em corpo a forjar o destino
Que me leve a transpor o clarão das estrelas!...

— Que beleza! – exclamou Modesta. – Que inspiração divina!

— Em apenas quatorze versos, está tudo aí – emendei embevecido. – O poeta disse tudo! A própria matéria inanimada tende à espiritualização... Como, poeticamente, também disse Galileu em seu texto, escrito através de Flammarion: *"... as mesmas leis que o elevaram* (o Planeta Terra) *acima do caos tenebroso, e que lhe gratificaram os esplendores da vida, as mesmas forças que o governaram durante os séculos de sua adolescência, que firmaram seus primeiros passos na existência e que o conduziram à idade madura e à velhice, vão presidir à desagregação de seus elementos constitutivos para entregá-los ao laboratório de onde a potência geratriz extrai sem cessar as condições da estabilidade geral. (...) e ali onde sistemas de mundos se tenham desvanecido, renascerá logo um novo canteiro de flores mais brilhantes e mais perfumadas"*!

— Diante de tanta grandiosidade – comentou Manoel –, não há como não permanecermos genuflexos!

— Uai! – brinquei com o amigo dileto –, de onde foi que você tirou esta palavra?!...

— É que tudo isto, Doutor, de fato, nos deixa genuflexos e perplexos!

— Meu Deus! O Manoel está incorporando um poeta!...

Todos nós nos rimos com a minha fraterna caçoada e continuei:

— Mas é isto mesmo: genuflexos e perplexos! Sabemos que a luz viaja numa velocidade de 300.000 km/s... A luz da Galáxia de Andrômeda, para chegar à Terra, leva 2,2 milhões de anos! Somente para atravessar a nossa Via Láctea, leva 100.000 anos! A luz do Sol, para chegar à Terra, gasta em torno de 8 minutos! Vocês já imaginaram o que é isto?!

— Por isto, Doutor – aparteou Paulino –, é que os cientistas dizem que o firmamento que os homens contemplam da Terra não é o mesmo que existe – muitas estrelas podem já ter se apagado!

— Perfeitamente – respondi. – E aí, meu caro, há algo muito curioso: a questão do passado e do futuro... Em relação a determinadas Humanidades, nós estamos vivendo no passado!

— Como será, Inácio, que essas Humanidades nos enxergam?! – inquiriu Modesta.

— O que você acha, Odilon? – transferi a pergunta.

— Penso que, talvez, sequer ainda tenhamos nascido! – respondeu o Instrutor prontamente. – Como também, para nós, seres malsaídos da caverna, essas Humanidades, no mínimo, sejam fictícias, porque não temos cabeça para concebê-las!

— Nem cabeça e nem máquinas, não é, Odilon?! – sublinhei. – Observemos a Humanidade terrestre em três tempos: os índios, que sinalizavam com fumaça; depois, o telégrafo dos homens civilizados; agora, a Internet...

— Uau! – fez Domingas com espontaneidade.

— Uau! – retruquei com o mesmo ar jovial do espírito que não tem idade.

Todos sorriram e, felizes, continuamos.

— Antes de encerrar – adverti –, precisamos algo comentar sobre a "Diversidade dos Mundos", que, em síntese, é sobre a diversidade da Vida, tema atualíssimo tratado pela Ciência contemporânea e vislumbrado pela Codificação há mais de século e meio.

— Pena que não possamos – ponderou Odilon – refletir sobre cada parágrafo de "A Gênese" como cada um deles merece – o nosso intuito é o de uma reflexão em síntese. Então, neste sentido, temos, neste capítulo, uma frase que parece ter sido cunhada agora por um pesquisador ambientalista: *"A Natureza toda poderosa age segundo os lugares, os tempos e as circunstâncias: ela é uma, em sua harmonia geral, porém múltipla em suas produções; ela se compraz num sol, assim como numa gota d'água; ela povoa com seres viventes um mundo imenso, com a mesma facilidade que faz eclodir o ovo depositado pela borboleta no outono".*

— Aproveitando a oportunidade – disse eu –, vamos juntar a nossa à voz dos que têm defendido a diversidade da Vida, bradando contra a extinção em massa, a respeito da qual os próprios cientistas vêm advertindo os homens. Como a falta do conhecimento da Reencarnação tem trazido prejuízos, inclusive materiais, para a Humanidade, porque, ignorando que voltará à Terra, em futuro próximo, o homem não se preocupa com a preservação do meio ambiente!

— O homem do presente não sabe que a geração do futuro, em parte, será constituída por ele mesmo...

— É isto, Manoel! – enfatizei. – Claro, se ele ainda tiver condições de uma nova incursão no corpo sobre o orbe planetário, pois, conforme estamos informados, o exílio dos espíritos que não mais lograrão reencarnar na Terra começou faz muito tempo...

— A chamada monocultura, o desmatamento, a poluição...

— Crimes! Crimes – repeti – que precisavam ser punidos de maneira exemplar, a começar do vandalismo que se pratica contra a tentativa de se rearborizar as cidades... No Brasil e noutros países, praças e jardins estão completamente abandonados! As fontes e os rios, que são as artérias vivas do organismo terrestre, estão obstruídos ou envenenados... É uma lástima! Tudo precisa mudar com urgência, porque mais de 20% de todas as espécies vivas podem desaparecer em menos de três décadas!

— As grandes nações...

— Domingas, você me perdoe – interceptei –, mas as grandes nações, as mais civilizadas, são as mais culpadas! Com a destruição da Natureza, a Humanidade, está cavando o seu próprio túmulo! Infelizmente, o homem ainda é pouco mais que uma fera... Exagero, Odilon?! – perguntei ao amigo.

— Não, Doutor, infelizmente, não! – respondeu ele, pesaroso. – As últimas tentativas de se defender, sobre a Terra, a biodiversidade da Vida, têm sido um fracasso – as grandes potências não cedem em seus interesses econômicos!

— Por tal motivo – conclui –, as mais otimistas perspectivas, em relação ao futuro da Humanidade, sem necessidade de se recorrer às previsões do Apocalipse, são sombrias!...

CAPÍTULO
21

Após a prece, desta feita, proferida por Paulino, nós demos continuidade aos nossos descontraídos estudos sobre "A Gênese".

— Hoje – expliquei – temos à nossa frente o capítulo VII, intitulado "Esboço Geológico da Terra". De início, observemos o bom senso de Kardec, que não pretendeu esgotar o assunto, considerando as suas reflexões em torno do tema apenas e simplesmente um "esboço".

— Aliás, Doutor – ressalvou Odilon –, conforme temos procurado frisar, Kardec não teve a pretensão da última palavra em nenhum assunto tratado na Codificação.

— Neste capítulo – prossegui –, em poucas páginas, o Codificador nos fala sobre os períodos geológicos, desde a formação da Terra ao surgimento do homem sobre ela... Obviamente, de 1868 para cá, a Ciência tem avançado nas explicações a respeito da constituição do Planeta – e continuará avançando.

— Não obstante – tornou Odilon –, em linhas gerais, o que Kardec escreveu, exceto questões de natureza terminológica, continua válido.

— Bem lembrado – repliquei. – Logo nas primeiras linhas do capítulo em pauta, ele considerou: *"Sem as descobertas da Geologia, como as da Astronomia, a Gênese do mundo estaria ainda nas trevas da lenda".*

— Creio que o objetivo, Inácio – ponderou Modesta, com acerto –, ao Codificador tratar de semelhante tema, foi o de mostrar que, de fato, os seis dias da Criação Bíblica na verdade correspondem a seis longos períodos, que envolveram milênios: Período Primário, Período de Transição, Período Secundário, Período Terciário, Período Diluviano e Período Pós-Diluviano ou Atual, com o aparecimento do homem!

— É isto mesmo – endossei. – Atualmente, utilizando medições com a utilização do carbono 14...

— Elemento químico que é o principal constituinte de toda a matéria vegetal e animal e que perdura por milênios!...

— Correto – aceitei o aparte de Odilon. — Valendo-se desse isótopo radioativo, a Ciência tem conseguido promover, quase que com absoluta precisão, a "datação radiométrica" dos objetos fósseis... O Carbono 14 foi descoberto apenas na década de 1940, por Willard Libby, que era químico. Portanto muito tempo depois que Kardec escreveu "A Gênese".

— O método, no entanto, não é inteiramente aplicável às descobertas arqueológicas – para tanto, outros métodos, como o da "termoluminescência", são utilizados de maneira complementar.

— Doutor, eu não estou entendendo nada – disse Domingas, preocupada. – Estou "boiando", como "boiava" nas aulas de Física... Ai, meu Deus, quando é que vou ter a cabeça melhor?!

— Não se preocupe com a sua cabeça, pois só de você não ser mais completamente perturbada, já está ótimo!

Todos nós sorrimos, e a confreira devolveu o gracejo:

— Pelo menos isto, não é, Doutor?! Pelo menos, não mais completamente louca, como eu já fui...

— Fomos, minha cara, fomos! – exclamei.

— Emmanuel – ponderou Odilon –, no livro "A Caminho da Luz", logo no primeiro capítulo aborda o tema de "A Gênese Planetária" – numa linguagem bem mais acessível e sucinta. No segundo capítulo, o preclaro Benfeitor trata sobre a "A Vida Organizada": "As Construções Celulares", "Os Primeiros Habitantes da Terra", "A Elaboração Paciente das Formas", etc. Creio que, aos estudiosos em geral, vale a pena a leitura e a reflexão em torno de tais apontamentos.

— A verdade é que, há bilhões de anos, a Terra era uma massa ígnea, que, a pouco e pouco, foi se resfriando. Segundo estimativas atuais, a vida surgiu sobre ela há pelo menos 3,5 bilhões de anos! Apareceu, mais ou menos, um bilhão de anos após a Terra ter sido formada! Entre a célula e a ameba, 1,5 bilhão de anos transcorreram... A evolução, realmente, se processa com certa lentidão – Deus parece não ter pressa alguma! Afinal, Ele é o dono da Eternidade! Entre as amebas e as esponjas, organizações mais complexas, mais um bilhão de anos se passaram!...

— Doutor, como o senhor sabe de tudo isto? – inquiriu-me Manoel Roberto.

— A gente estuda, pesquisa... Hoje em dia, o que não nos falta é material didático a respeito. Compreendamos, no entanto, que a Ciência está progredindo e que equívocos podem perfeitamente acontecer, mormente no que se relaciona a datas.

Promovi um intervalo e convidei:

— Mas retornemos a "A Gênese", pela ótica dos Espíritos Superiores, que, evidentemente, inspiraram Kardec na elaboração deste capítulo. Falemos sobre o "Estado Primitivo do Globo". Aqui está escrito: *"O achatamento dos polos e outros fatos concludentes são índices certos de que a Terra, em sua origem, deve ter apresentado um estado de fluidez ou de moleza"*.

— A Terra – elucidou o Instrutor –, até hoje, possui um núcleo interno, em estado sólido, e um núcleo externo, em estado líquido, onde a temperatura se eleva a 6.000 graus Celsius!

— Por isto – observou Paulino –, nos tempos mitológicos, se acreditava que o Inferno ficasse no interior da Terra...

— Também – acrescentei com humor – porque o magma dos vulcões contém enxofre!

— Magma?! – indagou Domingas.

— A substância liquefeita que, quando expelida, recebe o nome de lava!

— O resfriamento do orbe, portanto – aduziu Odilon –, aconteceu e ainda está acontecendo, de fora para dentro! Os vulcões são muito importantes para alívio da pressão interna do planeta – por tal motivo, periodicamente, necessitam entrar em erupção! Junto a outros meios de liberação do calor, como, por exemplo, as fontes termais, eles são os "respiradouros" da Terra!

— Kardec diz – retomei a palavra – que *"o primeiro efeito do resfriamento foi solidificar a superfície exterior da massa em fusão e ali formar uma crosta resistente, a qual, fina a princípio, pouco a pouco foi engrossando"*... A crosta formada era inteiriça – a chamada "Pangeia", durante a Era Mesozoica, há mais de 200 milhões de anos atrás! Posteriormente, esta única camada se fragmentou dando origem aos continentes... Imaginem que força deve ter desencadeado tal fragmentação!

— Doutor – aparteou Odilon –, Kardec considera que essa camada granítica, que constitui a crosta, é a sua "estrutura óssea"...

— Que interessante! – exclamou Domingas. – O "esqueleto" da Terra!...

— Como tudo se assemelha, não?! – redarguiu Modesta. – A Terra, que é um organismo vivo, também possui esqueleto!

— E corpo espiritual, minha cara! – aduzi. – A Terra tem "perispírito"! Ela se formou a partir de um modelo espiritual preexistente! Caso contrário, os elementos que a formaram não se aglutinariam!...

— Então tudo tem "perispírito"? – perguntou Manoel.

— Tudo, até o átomo – respondi sem vacilar. – A célula possui "perispírito"!...

— Eu fico aqui pensando no tamanho da minha ignorância – falou Domingas provocando risos –, que também deve ter "perispírito"...

— Tem "perispírito" e "espírito", literalmente – retruquei.

— Continuando – falou o Diretor do "Liceu da Mediunidade" –, afirma o Codificador que *"o segundo efeito do resfriamento foi o de liquefazer algumas das matérias contidas no ar, no estado de vapor, e que se precipitaram à superfície do solo"*. Vieram, então, as chuvas torrenciais! Chuvas e lagos, no dizer de Kardec, de enxofre e de betume, *"rios de ferro, de cobre, de chumbo"*... A vida vegetal ou animal, neste período, era impossível!

— Os materiais mais densos foram afundando, fundindo-se no núcleo de sustentação do Planeta

— expliquei. — Consequentemente, os mais leves e depurados, ficando na superfície, evaporavam e, com isto, veio a água pura! Claro que tal operação se processou com o auxílio dos séculos de milênios!

— Que maravilha! — exclamou Domingas. — Então, nasceram os lagos, os rios, os mares...

— Exatamente! — sublinhei. — As espessas nuvens de fumo, compostas de gases tóxicos, foram se dissipando e, finalmente, o Sol, de maneira tímida, banhou o Planeta, auxiliando a compor o que a Ciência contemporânea chama de sopa "pré-biótica", de onde a vida orgânica haveria de emergir...

— Na obra "Evolução em Dois Mundos", sempre citada por nós — clareou Odilon —, no capítulo III, "Evolução e Corpo Espiritual", André Luiz descreve: *"... vemos o seio da Terra recoberto de mares mornos, invadido por gigantesca massa viscosa a espraiar-se no colo da paisagem primitiva"*.

— A "massa viscosa" — informei — é o protoplasma! Inclusive, até hoje, segundo os cientistas, o grande enigma da origem da vida é, justamente, *"essa passagem do inanimado para o animado"*...

— Segundo Emmanuel — pontificou o Instrutor —, em "A Caminho da Luz", *"... quando serenaram os elementos do mundo nascente, quando a luz do Sol beijava, em silêncio, a beleza melancólica dos continentes e dos mares primitivos,* Jesus reuniu nas Alturas os intérpretes divinos do seu pensamento. Viu-se, então, descer sobre a Terra, das amplidões dos espaços ilimitados, uma nuvem de forças cósmicas, que envolveu o imenso laboratório planetário em repouso. Daí a algum tempo, na crosta solidificada do Planeta, como no fundo dos oceanos, podia-se observar a existência de um elemento viscoso que cobria toda a Terra". (destaquei)

— Vocês me perdoem – Domingas interferiu, dizendo –, mas, outra vez, não consigo controlar a minha reverência e admiração: Que beleza!...

— Então, a vida, realmente, veio do Espaço?! – concluiu Manoel.

— A Ciência – elucidei – admite, fortemente, a hipótese da *"panspermia"*, porque compostos contendo o elemento químico carbono foram encontrados em material interestelar!...

— Há quem defenda a tese de que a vida teria vindo de Marte para a Terra, não?! – interrogou Paulino.

— Seja como for, o certo é que somos feitos do "pó das estrelas"! – exclamei, igualmente, com extremado respeito ao Criador.

CAPÍTULO 22

— Em nossos estudos da reunião de hoje – anunciei –, falaremos, rapidamente, sobre o "Período de Transição" e o "Período Secundário", que antecederam o "Período Terciário", que culminou com o aparecimento do homem na Terra. Não nos esqueçamos de que todo este laborioso trabalho da Natureza, ou das Leis Naturais, objetivaram a evolução do *"princípio inteligente"* – tenho a impressão (e ela é muito pessoal) que a Criação Divina pretende, por assim dizer, o "resgate" de si mesma...

— Como assim, Doutor?! – começou Domingas a sabatina.

— Repito – respondi –, trata-se de uma impressão pessoal... O chamado *Big Bang* universal é como se o Criador tivesse se "descentrado", para, em seguida, iniciar o movimento de volta a Si, ou de "supercentração"! Mas, de minha parte, são meras conjecturas... Vamos ao que interessa. Odilon, o que você tem a nos dizer? – perguntei.

— No chamado "Período de Transição", Kardec, em consonância com a Ciência contemporânea – embora insignificante divergência no campo cronológico e, talvez, terminológico –, explica que *"os primeiros seres orgânicos que apareceram sobre a Terra são os vegetais de organização menos complicada..."* O assunto hoje é muito bem estudado pela Botânica. O espírito de sequência da Natureza é admirável e, realmente, nada dá saltos. Surgiram os "criptógamos", vegetais sem sementes, flores e frutos – reproduziam-se por meio de esporos; depois, vieram as primeiras folhas, da espécie chamada "cotilédones"...

— Que nomes complicados! – exclamou Manoel Roberto.

— Tanto quanto possível, vamos, então, evitá-los, certo? – ponderou Odilon. – Após as primeiras folhas que germinaram de sementes – convém ressaltar que, entre uma espécie e outra, os elementos de transição são indispensáveis, como as plantas carnívoras que fazem o elo de ligação entre o reino vegetal e o animal –, tivemos as plantas "angiospérmicas", com as sementes dentro do fruto...

— Inclusive – aparteei –, Kardec escreveu que *"os animais desse período, que apareceram depois dos primeiros vegetais, são exclusivamente marinhos: a princípio, eram os polipeiros, radiários, zoófitos, animais cuja organização simples e, por assim dizer, rudimentar, mais se aproximam da dos vegetais..."*

— Existem plantas que parecem pedras – observou Modesta. – Certa vez, li a respeito...

— Elas ainda existem – no sul da África, por exemplo, temos as chamadas "Lithops", que têm a forma de um cérebro e são muito diminutas.

— E animais que parecem plantas, Inácio!

— Sim – redargui –, são os corais, animais invertebrados, presos às rochas!

— E animal que parece gente, não, Doutor? – comentou Domingas. – Os macacos, por exemplo...

— E gente que parece animal! – exclamei de imediato. – Aliás, infelizmente, neste sentido, os exemplos são numerosos... Animal que deixou de ser quadrúpede e desfila de terno e gravata!

— Inácio, você não perde oportunidade, hem?!

— Ainda mais, sendo tão boa quanto esta, Modesta, você há de convir que eu não posso perder!

A turma sorriu e Odilon prosseguiu:

— Interessante esta anotação de Kardec: *"Plantas cujos gêneros hoje se apresentam como simples ervas, de alguns centímetros, atingiam altura e grossura prodigiosas; assim é que havia florestas de fetos arborescentes de 8 a 10 metros de elevação e de grossura proporcional..."*

— O alimento era farto e suculento! – concluiu Domingas, quase a salivar. – Vocês já imaginaram quantas folhas deliciosas e ultranutritivas?!

— Dando ensejo ao "Período Secundário" – explanou o Instrutor. – Grande parte da vegetação colossal desapareceu, mas, mesmo assim, ainda sobrou para alimentar os dinossauros, que eram herbívoros e carnívoros.

— Os dinossauros! - exclamou Domingas, fazendo-nos sorrir – Será que eu já fui um?!...

— Você – gracejei – deve ter sido um "Tiranossauro Rex", carnívoro e bípede! Do jeito que você devorava aquelas coxas de galinha na cozinha do "Pedro e Paulo", que ainda estavam mal-cozidas na panela, só pode!

— Não, Doutor – insistiu –, fora de brincadeira... Será que fomos o *"princípio inteligente"* de um dinossauro?!

— É claro – senão sobre a Terra, sobre outro mundo! Os dinossauros viveram há mais de 60 milhões de anos atrás! Segundo André Luiz, estamos lidando com a razão, aproximadamente, há 40 mil anos! Sobra bastante tempo, Domingas, para termos sido dinossauros...

— Bem, após esta "incursão" reencarnatória – retrucou Odilon –, com a qual nada tenho a ver...

— Como não tem a ver?! - rebati. – Você, meu caro, deve ter sido um "iguanodonte" – considerado o maior dos lagartos jamais existentes sobre a Terra... Segundo "A Gênese", ele media de 20 a 25 metros, da cabeça à extremidade da cauda!

— Concordo, mas, pelo menos, ele era herbívoro, não?! Já possuía, em relação aos demais, certa espiritualidade...

— Está vendo, Modesta?! Com o Odilon, nem eu posso! Ele tem saída para tudo! – provoquei, dando fraterno abraço no companheiro ao meu lado.

— Retomando as nossas reflexões – frisou o Diretor do "Liceu" –, convém dizer que, antes do desaparecimento dos dinossauros – e não apenas deles, porque houve uma extinção em massa de espécies animais e vegetais...

— A teoria mais aceita, para explicar este fato – inquiriu Paulino –, é a da queda de um gigantesco asteroide, não?!

— Sim – respondi. – O impacto contra a Terra teria sido tão grande, que, com a espessa nuvem de poeira que se levantou, as plantas ficaram impedidas de realizar a fotossíntese.

— Paralelamente, conforme ia dizendo – tornou Odilon –, os mamíferos continuaram a se desenvolver – os primeiros a surgir foram os roedores! Provavelmente, o primeiro mamífero tenha sido um rato!

— Onde?! Meu Deus?! Céus! – brincou Domingas, ameaçando subir na cadeira.

— Vocês estão parecendo meninos que não sabem se comportar diante do professor – falei com ar de seriedade. – Isto aqui não está parecendo uma sala de aula do Além! O que a "reitoria" haverá de falar?! Por favor, Domingas, seja mais disciplinada...

— É que eu tenho trauma de ratos e baratas?!
— Com coisa que você já não foi uma barata e, quiçá, parente de um musaranho! – devolvi.
— Gente! – controlou-nos Modesta, que mal continha o riso.
— O que é um musaranho? – perguntou a hilária irmã.
— Existem mais de vinte tipos. Aí, você pode escolher! – elucidei. – Quando atacado pelo predador, solta um odor igual ao do gambá...
— Inácio!
— Modesta, estou apenas respondendo à pergunta que me foi feita...
— Bem – ponderou Odilon, colocando ordem em nossas peraltices –, precisamos enfatizar a chamada "Era Cenozoica". Então, por favor, não interrompam. Ela se divide em vários períodos: Paleogeno, Neogeno e Quaternário, que, por sua vez, assim se classificam: Paleoceno, Eoceno, Oligoceno, Mioceno, Plioceno, Pleistoceno e Holoceno. Sei que se trata de palavras que nos são pouco habituais, mas o Período Quaternário, iniciado há 1.8 milhões de anos é o que dura até hoje.
— Em que período destes o homem apareceu? – indagou Paulino.
— Foi no Plioceno que apareceu o primeiro ancestral do homem, cerca de 5 a 1.8 milhões de anos atrás. O assunto, evidentemente, é muito técnico – o seu estudo cabe à Antropologia –, não sendo este,

no momento, o objetivo de nossos estudos. Se me permitem, gostaria de recorrer a Emmanuel, em "A Caminho da Luz", com a sua admirável capacidade de síntese: *"No período terciário a que nos reportamos, sob a orientação das esferas espirituais, notavam-se algumas raças de antropoides, no Plioceno inferior. Esses antropoides, antepassados do homem terrestre, e os ascendentes dos símios que ainda existem no mundo, tiveram a sua evolução em pontos convergentes, e daí os parentescos sorológicos entre o organismo do homem moderno e o do chimpanzé da atualidade".*

— O homem possui 46 cromossomos e o macaco, 48! – informei.

— Emmanuel ainda nos diz que *"os séculos correram o seu velário de experiências penosas sobre a fronte dessas criaturas de braços alongados e de pelos densos, **até que um dia as hostes do Invisível operaram uma definitiva transição no corpo perispiritual preexistente, dos homens primitivos, nas regiões siderais e em certos intervalos de suas reencarnações"*.* (destaquei)

— Então, Odilon – questionou Modesta –, segundo Emmanuel, foi no Plano Espiritual que o espírito nasceu?!...

— Sim – respondeu o Instrutor –, quando estudarmos o capítulo XI, de "A Gênese", veremos que o esclarecimento de Emmanuel está de acordo com o pensamento de Kardec, que escreveu: *"Desde que um espírito nasce na Vida Espiritual, para seu progresso, deve fazer uso de suas faculdades, as quais são a princípio rudimentares..."*

— Sendo assim – insistiu Modesta –, o espírito, de fato, antes de encarnar sobre a Terra, "encarna" no Mundo Espiritual?... Isto vem desde o princípio da Criação?!...

— Primeiro, ele adquire perispírito; somente depois, corpo físico!

— Ah! – interferi. – Por falar neste assunto, sobre o qual muita gente boa tem quebrado a cabeça, gostaria de aproveitar a ensancha e dirigir aos contestadores do tema a inteligente pergunta de um amigo: uma senhora está grávida... Ao deixar o corpo, em estado de desdobramento, como estará o seu perispírito?!

— Esta pergunta "matou a pau", Doutor! – disse Manoel Roberto.

— Sem que o perispírito "engravide", o corpo não engravida – emendei. – Em outras palavras: sem que primeiro se dê a reencarnação no Mundo Espiritual, a reencarnação no Plano Físico não acontece!...

— Realmente! – exclamou Domingas. – É só botar a cabeça para pensar...

— Mas é justamente aí, minha cara, que está a dificuldade! – arrematei.

CAPÍTULO
23

— Encerrando este capítulo – informei –, vamos ver os últimos assuntos: "Período Terciário" "Período Diluviano" e "Período Pós-Diluviano ou Atual – Aparecimento do Homem". Estes estudos que Kardec apresenta são interessantíssimos e coloca em evidência o conhecimento enciclopédico do Codificador.

— Vale destacar – ponderou Odilon –, uma vez mais, que ele, em meados do século XIX, quando se processou a Codificação, não dispunha de muitas informações seguras por parte da Ciência da época – somente no último quartel do chamado "século das luzes" é que a Ciência começa a deslanchar, liberta da censura da Igreja.

— *"O período terciário* – tomei a iniciativa de ler -, *que viu a formação de vastos continentes, é caracterizado pelo aparecimento dos animais terrestres"* – experimentos da Natureza para o surgimento do homem! O "princípio inteligente" veio se individualizando e, finalmente, alcança a láurea da razão, com a possibilidade do "pensamento contínuo"...

— Está escrito aqui, Doutor – salientou Domingas –, que, *"assim como o período de transição viu uma vegetação colossal e o período secundário os répteis monstruosos, neste apareceram os mamíferos gigantes, tais como o **elefante**, o **rinoceronte**, o **hipopótamo**, o **paleotério**, o **megatério**, o **dinotério**, o **mastodonte**, o **mamute**, etc."*

— Muitos deles já extintos, e os demais em vias de se extinguir – observei. Destes citados, apenas o elefante, o rinoceronte e o hipopótamo ainda sobrevivem, sendo que o número de cada espécie destas já se reduziu drasticamente – o elefante, por exemplo, que chega a pesar quase 12 toneladas, vem sendo exterminado pelos caçadores que ambicionam o marfim de suas presas!

— Após o "Período Terciário" – falou o Instrutor –, tivemos o "Período Diluviano", que, inclusive, é mencionado pelo Antigo Testamento, mas que, hoje se sabe, não foi universal – foi universal, no sentido do que o homem conhecia da Terra no período em que o fenômeno aconteceu! Diz Kardec que *"supõe-se de modo bastante geral, que uma **brusca** mudança se operou na posição do eixo e* *dos polos da Terra; daí resultou uma projeção geral das águas sobre a superfície do globo."*

— Mais à frente – repliquei –, o Codificador, em nota de rodapé ao capítulo IX, esclarece que o fenômeno do dilúvio bíblico é muito semelhante às narrativas de outras culturas, se referindo às grandes enchentes, provocadas não apenas pelas chuvas torrenciais, mas, principalmente, pelo deslocamento dos rios e dos mares, provocado por essa mudança na posição do eixo da Terra, motivada pelos terremotos que a assolavam.

Provoquei diminuta pausa e comecei a ler o que Kardec escrevera:

— *"A lenda indiana referente ao dilúvio relata, segundo o livro dos Vedas, que Brahma, transformado em peixe, dirigiu-se ao piedoso monarca Vaivaswata, e lhe disse: 'Chegou o momento da dissolução do Universo; logo, tudo o que existe sobre a Terra será destruído. Será preciso que construas um navio..."*

— A arca de Noé indiana! – exclamou Domingas.

— *"... no qual embarcarás* – prossegui — *depois de haver tomado contigo grãos de todos os vegetais."* O navio, por fim, chega ao cume do monte Himalaia, e Brahma recomendou a Vaivaswata que criasse todos os seres e repovoasse a Terra.

— Doutor – elucidou Odilon –, temos ainda o Noé grego, na figura de Deucalião...

— Deucalião?! – inquiriu Domingas.

— Sim – respondeu o amigo. – Segundo a mitologia, era filho de Prometeu e esposo de Pirra. Conta a lenda que Zeus, percebendo que a maldade dos homens extrapolava, resolveu afogar o gênero humano...

— Vejamos como a história se repete – aparteei –, e como a mitologia encerra grandes verdades!

— Deucalião – continuou o diretor do "Liceu" –, entrando em sua barquinha, ou arca, na companhia de Pirra, foi atracar numa montanha da Fócida...

— Foi ele que, com os ossos da avó, repovoou a Terra, não?! – perguntou Paulino bem informado.

— Isto mesmo – respondeu Odilon. – Ele não compreendera a mensagem do oráculo... Depois, por fim, Deucalião entendeu que, sendo a Terra, a morada comum de todos os homens, apanhou certa quantidade de seixos e, na companhia de Pirra, à medida que caminhava, os ia atirando para trás: os seixos de Deucalião se transformavam em homens, e os de Pirra, em mulheres!

— Será que tudo isto não é mentira?! – sabatinou Manoel. – Parece que foi tudo plagiado...

— Aqui não se trata de plágio – esclareci. – Estes povos não se comunicavam entre si e não falavam a mesma língua, e isto se deu em épocas completamente diferentes. A questão é que, se o dilúvio foi parcial, a Verdade é universal – sujeita, embora, à interpretação de cada cultura, com seus mitos e tradições.

— Falemos, rapidamente – solicitou Odilon –, sobre o aparecimento do homem. Kardec pontua que, *"uma vez restabelecido o equilíbrio na superfície do globo, a vida animal e vegetal prontamente retomou o seu curso. (...) É então que aparece o **homem**, o último ser da criação, aquele cuja inteligência, de agora em diante, devia contribuir para o progresso geral, ao mesmo tempo em que também progredia".*

— Interessante – redarguiu Modesta – é que, após o aparecimento do homem, vamos dizer, do homem moderno, há cerca de 200 mil anos, nenhuma outra espécie surgiu para substituí-lo... Tem-se a impressão de que, de fato, o homem era o que a Natureza pretendia!

— Muito bem colocado! – sublinhei. – As espécies animais vieram se sucedendo umas às outras – apareciam e desapareciam em curso de tempo mais ou menos longo –, mas a espécie humana, desde o *Homo erectus* está aí há 1,7 milhões de anos!...

— Inclusive, Doutor – esclareceu o Mentor –, se a espécie humana não foi, digamos, substituída, ela continua se desenvolvendo – o cérebro, que é o único órgão que cresce no corpo, a cada 100 mil anos, aumenta em 2 gramas!

— Quer dizer – interrogou Manoel – que o cérebro continua crescendo?

— Não é o de todo o mundo, não – gracejei. – Em algumas pessoas, ele parece estar encolhendo...

Assimilando o espírito da brincadeira, Odilon explanou:

— Segundo os cientistas, nos últimos 4 milhões de anos, o volume do cérebro dos *hominídeos* passou de 400 ml a 1.500 ml!

— O corpo encolhe?...

— Você se lembra do dito popular, Domingas: "Espicha a língua, encolhe o rabo"?...

— Eu conheço aquele outro, Doutor: "A quem cochicha, o rabo espicha"!...

— Dá quase na mesma! – retruquei. – A questão é que, antes, o queixo era maior do que a testa – hoje, a testa está se tornando maior do que o queixo!

— O homem tinha um cérebro pequeno – a mandíbula era projetada: prognata!

— Consultem as suas mandíbulas, macacada! – provoquei. – Queixo muito grande significa...

— Doutor – aparteou Odilon –, não tomemos a coisa ao pé da letra...

— Não tem problema, não, meu caro! – argumentei. – Não se tem cirurgia para reduzir o tamanho do queixo?! Se o Manoel, a Domingas ou mesmo o Paulino precisar, você não é cirurgião-dentista?! Corte o queixo deste povo, apressando-lhe a evolução...

— Quer dizer que, no futuro?...

— A tendência natural – tornou o amigo à seriedade que o assunto exigia – é que, no futuro, o homem seja apenas cabeça – é o "corpo mental", ou ovoide, a que o Espiritismo se refere!

— Então – comentou Modesta –, é o que temos ouvido o Inácio repetir, insistentemente: a forma humana é limitação?!

— Sim – respondeu Odilon –, os Espíritos Superiores já transcenderam a forma que ainda deve nos caracterizar por muitos milênios...

— No livro "Cartas de Uma Morta" – aduziu Domingas –, da psicografia de Chico, Maria João de Deus nos fornece notícias dos habitantes de Saturno: – *"Contemplando o espaço, muito acima de nós, vi grandes massas multicores, que tomei por variegadas nuvens, e, ao mesmo tempo **notei que seres estranhos evolucionavam nos ares, em gráceis movimentos, apesar de me parecerem bizarros*** (destaquei). *Nada tinham de comum com os tipos da Humanidade terrena, afigurando-se-me extraordinariamente feios com a sua organização animalesca, com suas membranas à guisa de asas, tão estranhas para mim, as quais lhe facultavam o poder de volitar à vontade".*

— Que povo feio, hem?! – reagiu Domingas. – Parecem morcegos!...

— Feios, minha cara – respondi –, devemos ser nós para eles – sapos gordos e enormes!...

— Onde?! Onde?! Meu Deus?! Céus?! – brincou a companheira. – Tenho horror a sapos!...

— Gente – falou Modesta acalmando os ânimos da petizada –, de fato, nós não podemos nos tomar por padrão de beleza no Universo...

— E, depois, quem ainda tem necessidade de ir ao banheiro, quase todos os dias, mesmo depois de *morto*, não é, Manoel?!

— Eu não, Doutor!

— Brincadeiras à parte – emendei –, o Chico dizia que, nos Mundos Superiores, os espíritos apenas expelem líquidos, o que, convenhamos, já é uma extraordinária conquista da Evolução!

— Quer dizer?! – interrogou Domingas.

— Quer dizer que a gente só vai fazer xixi! – respondi sem rodeios.

— Ou melhor, Doutor – não deixou Odilon por menos –, transpirar um pouco mais!...

— Como a Evolução – exclamou Modesta – é ascendente! Que beleza, a gente, literalmente, emergir do charco, ficar em pé, ganhar asas e adejar entre as estrelas!...

CAPÍTULO
24

— Neste capítulo VIII, de "A Gênese" – anunciei –, teremos oportunidade de dialogar em torno de algumas "Teorias Sobre a Terra", como a "Teoria da Projeção", "Teoria da Condensação", "Teoria da Incrustação" e, por fim, sobre a "Alma da Terra". Evidentemente, tais teorias eram as mais difundidas ao tempo de Kardec, no século XIX.

— Sobre certos aspectos – observou Odilon –, já comentamos o tema em reuniões precedentes e, no intuito de não sermos repetitivos, não nos referiremos a ele senão *en passant*, ou seja, de passagem.

— Hoje – esclareci –, a teoria mais aceita sobre a formação da Terra é a de que ela surgiu a partir de poeira cósmica – gases e poeira que, a pouco e pouco, durante cerca de 4,5 bilhões de anos, foram se condensando!

— As pesquisas mais corretas a respeito – justificou o Instrutor – datam de 200 anos para cá. Durante gerações, a Igreja Católica era a única autoridade com base na Gênese – vocês podem imaginar que, por séculos, a Inquisição impôs pesado silêncio aos que cogitassem da formação do Planeta fora do que, textualmente, se encontra escrito na Bíblia.

— A verdade, porém, é que, assim como o Universo se originou do chamado "ovo cósmico", a Terra teve por berço um único átomo, ao redor do qual outro e mais outros começaram a orbitar...

— Apenas a título de ilustração – disse Odilon –, Anaxímenes de Mileto, filósofo pré-socrático, dizia que todas as coisas provêm do ar e nele se dissipam. Talvez ele estivesse chamando "ar" ao "fluido cósmico universal"! Em um de seus fragmentos, chegou a considerar que, *"quando o ar se rarefaz, torna-se fogo; e quando se condensa, vento; com maior condensação, nuvem; se for mais forte, água; se mais forte ainda, terra; e com sua extrema condensação, transforma-se o ar em pedra"*.

— Curioso – exclamou Modesta – que, segundo já tivemos oportunidade de comentar, esse pessoal todo não dispunha de outro instrumento que não fosse o da *intuição*!

— Corroborando a sua observação – explanou o amigo –, Heráclito de Éfeso dizia que *"a mais bela harmonia cósmica é semelhante a um monte de coisas atiradas"*. Na atualidade, a Ciência admite existir ordem no caos! Empédocles de Agrigento aceitava tese de que há quatro elementos originais: fogo, terra, água e ar...

— Um adendo e uma curiosidade – disse eu. – Empédocles, que viveu por volta de 450 a.C., me parece ter sido, mais tarde, a reencarnação do profeta Jeremias...

— Por que, Doutor? – inquiriu Domingas.

— Comparemos o que ele dizia com o que pregava o aludido profeta, que viveu em torno de 650 a.C. Jeremias, no capítulo 21, versículos 14 e 15, do livro que tem o seu nome, assim se expressava sobre o dia de seu nascimento: *"Maldito o dia em que nasci; não seja bendito o dia em que me deu à luz minha mãe. Maldito o homem que deu as novas a meu pai, dizendo: Nasceu-te um filho; alegrando-o com isto grandemente".* Semelhantemente, Empédocles falava a respeito de si: *"Desgraçado de mim, por não ter sido aniquilado mais cedo pelo dia impiedoso da morte, antes que meus lábios pronunciassem o pensamento do horrível crime da voracidade".*

— De fato – concordou Odilon –, a gente tem a impressão de que a lamentação é a mesma...

Rápido silêncio se fez e, sem perda de tempo, o fundador do "Liceu" nos conclamou:

— Voltemos a "A Gênese", de Kardec, comentando que, na atualidade, a Ciência aceita a tese de que é a morte de uma estrela que origina o nascimento de outra... Uma estrela, maior que o Sol, teria entrado em colapso, ou seja: explodiu! O *Big-Bang,* que deu origem ao Universo, se repetiria em impactos de menores proporções, atingindo as estrelas... Da explosão dessa estrela da Via Láctea, gigantesca nuvem se formou e, com ela, o Sol e os planetas que giram em seu redor! Está dando para entender?! – perguntou sem afetação.

— Perfeitamente – respondeu Manoel. – Certamente, em torno da maior quantidade de massa, que seria o Sol, quantidades menores de massa começaram a orbitar...

— Exatamente – enfatizou Odilon. – O resto correu por conta da Lei da Gravidade e do tempo, em milhões e milhões de anos, que perfizeram algo em torno de 5 a 6 bilhões de anos, que é a idade calculada para o nosso Sistema Solar.

— De acordo com a sua massa – completei –, as várias esferas de gás incandescente passaram a orbitar, mais perto ou mais longe, da massa central, que seria o Sol! A Terra está a cerca de 150 milhões de quilômetros dele, enquanto Júpiter, o maior planeta do Sistema, dista 778.330.000 quilômetros. Não vamos, porém, entrar agora em maiores detalhes, certo? Não falaremos sobre os planetas sólidos e os gasosos...

— Correto, Doutor! – endossou Odilon. – Para o objetivo que, no momento, nós nos propomos, estudar o que Kardec escreveu sobre a "Alma da Terra" será mais indicado.

— Sobre este assunto – considerou Domingas –, certa vez, ouvi de Chico Xavier interessante explicação. Se me permitem...

— À vontade, minha cara – disse eu.

— Ele nos falou que existe uma "alma" do mundo... Não se trata, óbvio, de um espírito que nele esteja "encarnado" – nada disto! Eu me recordo que, ao término daquela reunião, o assunto girava em torno da violência, que se mostrava, como, infelizmente, ainda se mostra, tão grande entre os homens... Tomando a palavra, Chico comentou: — *"Assim como, antigamente, a Medicina empregava a técnica da sangria, valendo-se de sanguessugas, para devolver o equilíbrio ao corpo doente, a alma do mundo, às vezes, 'pede' sangue... Sim, porque a Terra é um organismo vivo e está doente! Para que o corpo volte a ter saúde, a alma do mundo, constituída por todos nós, os seus habitantes, 'pedimos' uma sangria..."*

— Pedimos de que maneira?! – interpelou Paulino.

— Inconscientemente, meu filho – elucidou Odilon. – É o chamado *inconsciente coletivo*, de Jung, não, Doutor?!

— Isto mesmo – anuí. – Assim como o homem, isoladamente, sofre a influência do *inconsciente* ou do *subconsciente*, a Humanidade, como um todo, sofre a influência do *inconsciente coletivo*! O *inconsciente* desencadeia muitos acontecimentos em nossas existências...

— O senhor poderia dar um exemplo mais prático? – solicitou Manoel Roberto.

— Quantas vezes, no dia-a-dia, ouvimos dizer ou, então, dizemos mais ou menos assim, em face do que nos revolta ou nos causa indignação: *"não é possível, assim não pode continuar", "é o fim dos tempos", "a Humanidade está perdida", "Deus precisa tomar uma providência"*...

— Entendi.

— E Deus, ou as Leis Divinas que O representam – sentenciou Modesta –, a "pedido" de nós mesmos, acaba cedendo ao clamor coletivo que sobe até a Ele...

— Precisamos, no entanto – observou Odilon –, ressaltar o que Kardec escreveu sobre o assunto: *"Mais racionalmente, poder-se-á entender por – alma da Terra – a coletividade dos Espíritos encarregados de elaborar e dirigir seus elementos constitutivos, o que supõe já certo grau de desenvolvimento intelectual; ou, melhor, ainda: o Espírito ao qual está confiada a alta direção dos destinos morais e do progresso de seus habitantes, missão esta que não pode ser desenvolvida senão por um ser eminentemente superior em sabedoria e conhecimentos. Neste caso, este Espírito não é propriamente a alma da Terra, pois não é nela encarnado, nem subordinado a seu estado material; será um chefe preposto à sua direção, como um general é preposto à direção de um exército"*.

— Não há contradição – adverti. – Não podemos negar que, sob outra interpretação, Jesus Cristo seja a "alma da Terra" – Ele é o seu Superego, ou Superconsciente! Ele é a luz do mundo!...

— A "alma do mundo", da explicação de Chico – frisou Odilon –, é mesmo o *inconsciente coletivo* – o Cristo, por assim dizer, é a "alma" desejável para a Terra!

— Por favor – indagou Manoel delicadamente –, o *inconsciente coletivo*, então, "pede" sangue? Com que propósito?...

— Se assim posso me expressar – respondi –, com o propósito de apressar a evolução da própria Humanidade... Vejamos: milhares e milhares de pessoas, em todo o mundo, parecem viver no limiar da insanidade – jovens que demonstram descaso pela vida, que não valorizam o corpo que têm, que não se intimidam diante do perigo, que se expõem a inúmeras patologias que lhes comprometem a integridade física...

— Isto tudo sempre me espantou – replicou Domingas. – Com exceções, os jovens que hoje já estão um pouco mais maduros...

— Não apenas estes – rebati. – Muitos jovens, na atualidade, rapazes e moças recém-saídos da adolescência...

— ...estão vivendo como se, para eles, não houvesse futuro!

— Em minha opinião – disse eu –, trata-se de uma espécie de pressentimento em relação ao que está para acontecer, neste momento de transição que a Humanidade atravessa... E mais: este viver intenso da juventude, que descamba para as drogas e o sexo desvairado, também expressa revolta contra os desígnios de Deus! Você não acha, Odilon?...

— Em muitos casos, sim – opinou o companheiro. – Conforme a Domingas destacou, não podemos generalizar, porque existem muitos jovens de valor – estão empenhados no estudo e no trabalho, aproveitando, ao máximo, a bênção do tempo e as oportunidades de crescimento que lhe são concedidas... Porém o senhor não deixa de ter razão, porque, infelizmente, é notório que muitos espíritos de volta ao corpo, talvez em sua derradeira chance de viver sobre a Terra, estão falhando – entregam-se à indisciplina e às badalações, não correspondendo ao esforço de seus pais para que se transformem em pessoas de bem!

— E vocês acham – tornou Manoel a inquirir – que a solicitação do *inconsciente coletivo* será atendida?...

— De minha parte – falei –, temo que sim. A Humanidade está vivenciando um impasse evolutivo: do jeito que as coisas estão indo, sem o concurso de uma drástica intervenção, a curto e em médio prazo não teremos melhora substancial. Não sei qual a opinião do Odilon a respeito...

— Para tanto, Doutor, ninguém carece de ser profeta – ponderou o Instrutor: – nos próximos dois lustros, se não houver maior conciliação de interesses, em todos os aspectos, com alguma mudança de paradigma no que tange aos valores da civilização, amargaremos duras provações e pagaremos elevado preço pelo nosso egoísmo!...

CAPÍTULO
25

— Inácio – continuou Modesta –, antes de passarmos ao próximo assunto de "A Gênese", se possível, gostaria que falássemos um pouco mais sobre a figura de Jesus como sendo a "alma da Terra"...

— Perfeitamente – respondi. – O Cristo seria uma espécie de "demiurgo" da Terra...

— O que vem a ser "demiurgo"? – interrogou Domingas.

— Segundo Platão, discípulo de Sócrates, seria a divindade do mundo material que criou... Em outras palavras: Ele seria o "deus" da Terra, ou a representação de Deus para a Humanidade!

— Então – ponderou Modesta –, é mera questão terminológica, porque, de fato, Jesus, na condição de Governador Espiritual do Planeta, não deixa de ser o nosso "demiurgo".

— Correto – concordei. – A Humanidade, por assim dizer, é o corpo místico do Cristo – de certa maneira, o seu Espírito se encontra em cada um de nós...

— Hum! – exclamou Domingas. – Estou entendo melhor agora certas palavras de Jesus que sempre me intrigaram – eu ficava pensando em seu significado profundo, sem, no entanto, conseguir atinar com ele. Elas foram anotadas por Mateus, capítulo 25, versículos 35 a 40: *"Porque tive fome e me destes de comer; tive sede e me destes de beber; era forasteiro e me hospedastes; estava nu e me vestistes; enfermo e me visitastes; preso e fostes ver-me. Então perguntarão os justos: Senhor, quando foi que te vimos com fome e te demos de comer? ou com sede e te demos de beber? E quando te vimos forasteiro e te hospedamos? ou nu e te vestimos? E quando te vimos enfermo ou preso e te fomos visitar? O Rei, respondendo, lhes dirá: Em verdade vos afirmo que sempre que o fizestes a um destes meus pequeninos irmãos, a mim o fizestes"*.

— Estas palavras – explicou Odilon – têm uma interpretação literal, que salta à compreensão de qualquer de nós, mas também possui outra mais profunda, de caráter metafísico, com a qual nem sempre conseguimos atinar de maneira imediata. O Cristo, de fato, nestas palavras que pronunciou, demonstra que a redenção da Humanidade representa a sua maior aspiração. Vocês me perdoem, mas, em se referindo a Ele, fica difícil encontrarmos os termos mais apropriados – afinal, quem somos nós para estarmos aqui discutindo assuntos de tamanha transcendência?!

— A especulação, no entanto – fui a auxílio do estimado amigo –, desde que respeitosa, é livre... Não estamos aqui sem o espírito de profunda reverência que a figura do Cristo nos inspira.

— Ainda em Mateus – prosseguiu Odilon com propriedade –, no capítulo 18, vamos nos deparar com "A Parábola da Ovelha Perdida"... Ao contá-la aos discípulos, Jesus encerra dizendo que *"não é da vontade de vosso Pai celeste que pereça um só destes pequeninos"* – ou seja: nenhuma ovelha haverá de se desgarrar em definitivo do rebanho, do qual é Ele o Divino Pastor!

— Podemos ser exilados, enviados a outros mundos, que não nos perderemos? – indagou Paulino.

— Exatamente – respondi. – A tarefa do Cristo é a redenção da Humanidade inteira!

— Que tarefa, meu Deus! – exclamou Domingas. – Sinceramente, não sei se gostaria de ser um espírito "crístico"...

— Todavia, minha cara – retruquei –, não é para outra coisa que você está evoluindo...

— Não daria para a gente deixar uma meia-dúzia de fora?! – gracejou a confreira. – Desta rede não pode escapar nenhum peixe?! E aqueles que não querem se redimir de jeito nenhum?!...

— O Chico contava – observei – que o espírito de Gandhi pediu a Jesus a incumbência de redimir o espírito de Hitler!

— Nossa!

— Então, você não se preocupe, porque a tarefa, embora seja mais especificamente do Senhor, não é só dele, não! Os que se fazem seus prepostos, igualmente se tornam intérpretes do seu Amor! O Odilon não saía correndo nas ruas de Uberaba, atrás de você?!...

— Saía, coitado! – replicou com encanto e espontaneidade a dileta irmã. – Dei um trabalhão para ele! Eu nem via o que estava fazendo! Saía correndo, gritando como se fosse louca...

— Pois, então! Sinto informá-la de que, agora, você irá correr atrás de muita gente: agora é a sua vez, minha cara!

— Ah!, eu não me sinto preparada...

— Não venha com essa história, não! – refutei, entendendo o papel que Domingas se dispunha a fazer naquele momento. – Preparado para dormir e comer à vontade, todo o mundo sempre está – preparado para somente usufruir das benesses que a Vida lhe concede! Você está preparada, sim! O "chamado" não ecoa aos ouvidos de quem não estejam preparados para escutá-lo! Não querer atendê-lo é outra coisa...

— Deixem-me acrescentar – pediu Odilon. – À medida que evoluímos, vamos nos "integrando" no corpo místico do Cristo e, assim, passamos a ser os seus braços no reerguimento dos caídos!

— Lindo! – exclamou Manoel Roberto.

— É assim que o Espírito do Cristo viverá em cada um de nós – prosseguiu o Instrutor. – Aquele que socorre o necessitado é o Cristo, mas o necessitado também é o Cristo! O Senhor se identifica com a dor de cada um de nós!

— Quer dizer que – questionou Modesta –, noutras palavras, temos o Cristo socorrendo o Cristo!

— Sim, mas vamos colocar este segundo "cristo", com c minúsculo: o Cristo realizado socorrendo o "cristo" em vias de se realizar, ao longo dos milênios!

— O que é a Criação – interpelei –, senão o Criador, que a tudo se doa, para, ao fim do drama da Evolução, tudo receber em Si?! Por tal motivo, a rigor, ninguém trabalha a não ser para si mesmo... Não sei se estou me fazendo entender!

— É um pouquinho complicado, Doutor!

— Eu sei que é, Domingas – ponderei. – Mesmo o Cristo, em essência, está trabalhando para Si mesmo! O "outro" é uma espécie de pretexto para o nosso próprio aperfeiçoamento!

— Isto não será egoísmo?! – inquiriu Paulino.

— Com o polo invertido, talvez – respondi. – Todavia isto é da Lei! Quem trabalha pela felicidade do próximo investe em sua própria felicidade! Um egoísmo sublimado, porque o egoísmo, considerado uma mazela, também necessita de se sublimar!

— É mesmo – concordou Paulino.

— Daí, ao egoísmo já algo *espiritualizado* se dar o nome de altruísmo – palavra criada por Augusto Comte, o fundador do Positivismo!

— E para lá de tudo isto – acentuou Odilon – está o Amor, que é superior a todo e qualquer outro sentimento, incapaz de ser definido ou compreendido por nós, em nosso atual estágio evolutivo, que, infelizmente, ainda é bastante precário.

— O certo – aduzi – é que o "outro", seja ele quem for, é essencial à nossa completude! Precisamos envidar esforços no sentido de combater a indiferença, o descaso, a frieza, enfim, a insensibilidade em relação ao próximo, porque o "outro" não é um estranho...

— Sartre, filósofo existencialista – pontuou o Instrutor –, proclamava que *"o Inferno é o outro"* – mas, ao contrário, *"o Céu é o outro"*!

— Este nosso diálogo – observou Modesta – está sendo muito proveitoso para mim. Há várias semanas estamos aqui discutindo as questões da origem da Vida e sua finalidade... A gente percebe que todo Conhecimento converge para a nossa necessidade de amar – daí ter Jesus resumido toda a lei e os profetas no *"Amai a Deus sobre todas as coisas e ao próximo como a vós mesmos"*!

— Sendo assim – falei –, hoje, ao findar os nossos estudos, eu gostaria de que vocês me acompanhassem em visita aos nossos internos mais doentes... Desculpem-me: estamos discutindo temas de grande transcendência, mas não podemos nos esquecer do serviço imediato que nos espera nos porões da miséria humana, não é mesmo, Odilon?!

— Exato, Doutor! E, aproveitando o seu lembrete, creio que seja o que não devemos nos esquecer de salientar aos nossos irmãos que ainda mourejam na carne, por vezes, tão envolvidos em questões doutrinárias...

— Que se esquecem do básico! – exclamei. – Envolvem-se em infindáveis arengas...

— Discutindo o sexo dos anjos... – atalhou Domingas.

— Esquecidos da tão difícil renovação íntima – replicou Modesta.

— Pois é – continuei. – "A Gênese" deve nos remeter a "O Evangelho Segundo o Espiritismo"... Não nos esqueçamos de que os Espíritos Superiores deixaram o projeto de "A Gênese" para as vésperas da desencarnação do Codificador, quando se apressaram a escrever "O Evangelho Segundo o Espiritismo"!

— Existe gente que diz que "O Evangelho Segundo o Espiritismo" foi um momento de fraqueza de Kardec...

— Para mim, Domingas – disse eu –, surgiu justamente quando ele foi mais corajoso e mais forte! Precisamos ter mais coragem para sermos cristãos do que para nos expormos na frente de combate da mais acirrada e sangrenta batalha!

— O desafio não é saber – o desafio é viver! – endossou Odilon. – Sem colocar em prática, ninguém demonstra saber o que supõe que sabe!

— Então, vamos, pessoal – convidei –, que a turma está nos esperando com as suas dores... Precisamos nos vacinar contra a vaidade e o personalismo! A caridade é uma seringa de agulha enorme, que se nos aprofunda até aos tecidos mais sutis do espírito, nos imunizando contra as tolices em nós mesmos! Acho que todo médico, antes de ser médico, precisava ser enfermeiro! Antes de empunhar o estetoscópio e o bisturi, precisava aprender a limpar o doente cheio de cocô...

— Doutor – gracejou Domingas –, essa palavra, "cocô", além de ser um palavrão, é também antidoutrinária...

Sinceramente, naquele ponto de nossa conversa, não contive a gargalhada.

— Domingas, minha cara, você é impagável! – falei, caminhando rumo aos pavilhões onde se recolhiam os nossos mais graves doentes: — É a primeira vez que ouço falar que cocô é antidoutrinário! Deve ser por isto que, desde muito tempo, eu sofro de diarreia...

CAPÍTULO
26

Descemos várias escadas do Hospital e demos início à visita aos doentes, convictos de que, naquele momento em particular, mais estaríamos recebendo do que propriamente algo doando de nós.

— A Terra – comentei – e, evidentemente, as suas Esferas mais próximas, ainda é caracterizada por muito sofrimento, mas, por outro lado, eu não sei o que haveria de ser de nós, se não tivéssemos a quem socorrer... Como ainda somos carentes da dor, em nós e nos outros!

— Doutor – observou Odilon, concordando –, não existe realidade maior do que esta: sem o alvitre da dor, estaríamos irremediavelmente perdidos! Não estamos preparados para viver sem sofrer!

— Talvez, dentre nós – falou Domingas com humildade –, eu seja o maior exemplo disto... Não se trata de masoquismo – longe disto! O problema é que, como nos diz a lição de "O Evangelho", *"a dor é uma bênção que Deus envia aos seus eleitos"*... Não me entendam mal: eu não me sinto *eleita* para absolutamente nada!

— Para apanhar, Domingas! – explicou Modesta. – A gente não gosta de apanhar, mas infeliz de quem não apanha...

— Quem não apanha – falou Manoel com acerto –, começa a achar que é alguma coisa, "pisa na bola", cai e... quebra a cara!

— Um dos versículos preferidos de Chico – ilustrou Domingas –, sempre repetido por ele, é o que Paulo cita em sua Epístola aos Hebreus, capítulo 12, versículo 6: *"... porque o Senhor corrige a quem ama, e açoita a todo filho a quem recebe"*!

— Deus nos pega e nos dá uma coça por dia! – afirmei.

O ambiente não era para expansão de grande alegria, mas, discretamente, todos nós esboçamos um sorriso.

Chegando ao primeiro apartamento da ala feminina, Manoel acionou um dispositivo que trazia consigo e a porta se abriu sem qualquer ruído.

— Como vai, minha irmã?! – perguntei à paciente de nome Lenora, agachada num canto, com a cabeça entre as pernas. – Tudo bem?! Estamos aqui para visitá-la... Viemos nós todos: Modesta, Domingas, Paulino, Odilon, Manoel e eu...

Com dificuldade, ela levantou a cabeça e nos olhou, sem, no entanto, conseguir se fixar em nenhum de nós.

— Lenora, minha filha, tenha confiança em Deus – você vai melhorar! – falei, compadecido. – Deixe-me ver a ferida em seu peito...

Ela descruzou os braços e, então, pudemos enxergar a chaga ainda aberta por um tiro que ela mesma disparara contra si, em momento de extremo desatino.

— Dói?! – indaguei.

— Sim – respondeu com dificuldade –, dói muito! Ah, eu quero morrer, eu quero morrer – falou quase sem força alguma na voz.

— Filha, a morte não existe – disse eu, pousando, com cuidado, a destra sobre a sua cabeleira desgrenhada. – Viveremos para sempre!

— Ai, – gemeu –, que condenação! Eu quero desaparecer... Por favor, não me deem remédio – me deem veneno, uma taça de veneno! Quem sabe será mais eficaz que o tiro que não me matou...

— Lenora, minha irmã – argumentei –, não consinta que a revolta tome conta de seu coração... Reaja! Você precisa melhorar! Quando chegou aqui, você estava completamente inconsciente...

— Eu sofria menos!... Agora sofro mais! Doutor, vocês não me ajudaram, não! Vocês estão me fazendo sofrer mais... Eu quero o sono eterno! A vida perdeu todo o encanto para mim...

Notando que, caso continuássemos, ela se desajustaria emocionalmente, convidei os amigos para uma prece em seu benefício e lhe transmitimos um passe.

Quando saímos, Domingas me perguntou:

— Qual é o caso de Lenora?...

— É a segunda vez que ela comete suicídio – informei. – Da primeira vez, ela se atirou nas águas de um rio... Agora, disparou com uma pistola contra o coração! Ela sofre de profunda depressão, oriunda de amargas experiências em muitas vidas – foi abandonada pelos pais, sexualmente abusada, inclusive por um religioso... Ficou grávida e teve uma filhinha que lhe roubaram, quando jovenzinha. Estamos tentando localizá-la, mas não está fácil...

— Estamos esperançosos, Doutor – relatou Manoel –, com as últimas informações que nos chegaram... A menina que, infelizmente, terminou por se prostituir, nos parece que está na Holanda – desencarnou por lá! Junto a amigos, estamos tentando nos certificar de sua identidade e, se for o caso, trazê-la para cá...

— Há quanto tempo, Manoel – perguntou Paulino –, vocês estão investigando?...

— Desde que Lenora aqui chegou e nos inteiramos de suas lutas...

— Vai para mais de cinco anos! – esclareci. – No entanto, Paulino, o drama de nossa irmã vem se arrastando por mais de 150 anos...

— Por mais de 150 anos! – balbuciou, surpreso.

— Meu filho – retruquei ao pupilo de Odilon –, em face de casos mais complexos que temos aqui conosco, é pouco tempo...

Dizendo assim, após Manoel se certificar de que estava tudo bem, entramos no próximo apartamento individual. Sobre o leito, contida por determinadas faixas elásticas que não a machucavam, estava Júnia, que, ao nos ver, estorcegando-se, começou a gritar impropérios.

— Tranquilize-se, Júnia – falei com a senhora de semblante desfigurado. – Somos amigos e estamos tratando de você.

E, virando-me para os integrantes do grupo, comentei de modo que a paciente não pudesse escutar:

— Júnia veio transferida para cá – está conosco há sete anos e, infelizmente, com poucos progressos. O caso dela, Paulino, é mais sério – o seu drama provacional teve início há 400 anos!

— Meu Deus! – reagiu o valoroso companheiro.

— Ao que estamos informados, esta nossa irmã sempre esteve encarnada como homem, sendo que, somente na última encarnação, houve uma tentativa de colocá-la num corpo de mulher, mas, infelizmente, não funcionou. Berber continuou matando...

— Berber?!

— Sim, é como o seu espírito ficou conhecido pelas vítimas que o odeiam... Extremamente forte, maneja uma machada de mão com muita habilidade – decepou muitos membros e matou a muitos! Um banho de sangue... Enlouqueceu!

— Doutor – inquiriu Paulino –, que providências serão tomadas para auxiliá-lo?

— Confesso a você que ainda não sei – respondi sem acanhamento. – Estamos na expectativa de uma luz... De imediato, não temos como localizá-lo em um novo corpo – Júnia renascerá com os problemas mentais e perispirituais que estamos observando!

— Conheço o caso dela – falou Modesta. – Tenho vindo aqui orar, sempre que posso. Temo que seja uma candidata ao exílio...

— Na última encarnação?... – questionou Domingas, reticente.

— ...Júnia matou a mãe e um irmão... Já enlouquecida e assediada por diversas vítimas, foi considerada possuída e morreu queimada na fogueira – isto foi na Espanha!

— A trajetória do espírito rumo à definitiva iluminação é muito mais perigosa e difícil que o percurso empreendido pelo *princípio inteligente* na conquista da razão – ponderou Odilon. – Os desastres começam a acontecer quando nos "tornamos" gente... A gênese da perfeição espiritual – comentou aludindo aos estudos que estávamos efetuando – é mais complexa! Neste sentido, mil anos não são nada – às vezes, gastamos um milênio, ou mais, para nos desembaraçarmos de um único problema que nos gera terrível carma!

— Então, o Evangelho de Jesus, que nos foi revelado há quase 2.000 anos?...

— Como dizia Chico, Domingas – tomei a frente, respondendo –, o Evangelho é de ontem...

As palavras de Jesus, embora sejam de vida eterna, para a maioria de nós outros, têm sabor de novidade! Perdoar, fazer o bem – isto tudo é desafio novo!

— E existe gente que acha que não precisa escutar mais Evangelho no centro espírita...

Sob a imposição de nossas mãos estendidas, convidei o grupo para proferirmos uma oração em favor de Júnia e, em seguida, saímos.

— Eu não quero que vocês fiquem deprimidos – avisei. – Por favor, não se deixem impressionar... Sei que vocês todos estão habituados a quadros assim e até piores, mas é que, não raro, eu mesmo preciso lutar contra o desalento, advindo da sensação de impotência que sinto para prestar efetivo auxílio a tantos doentes.

— Se não resolvermos os problemas do cosmo íntimo...

— ...não adiantará quereremos ir às estrelas, Manoel! – sentenciei. – O homem pode construir o mais belo palácio, com as suas torres a roçarem as nuvens, mas não pode se esquecer de que ele mora é no chão!

— Com certeza, Doutor – aparteou Odilon –, por este motivo é que Kardec, na parte final de "A Gênese", em seus últimos capítulos, também se dedicou a falar sobre Jesus.

— Bem colocado, meu caro – concordei. – Como também não podemos olvidar que ele abriu o seu diálogo com os Espíritos Superiores, conforme está lá em "O Livro dos Espíritos", perguntando pela existência de Deus...

— Doutor – atalhou Manoel –, se me permite, gostaria de lembrar aos nossos amigos o que o senhor respondeu, dias atrás, a quem o questionou sobre a mais segura diretriz para a evolução espiritual... A sua resposta foi a seguinte: *"Estudo e trabalho, mas, se você tiver que escolher entre um dos dois, não hesite em escolher o trabalho, deixando o estudo como segunda opção..."*

— Não é que o trabalho seja mais importante que o estudo – justifiquei. – O problema, Manoel, consiste em que é perigoso estudar sem trabalhar, porque se corre o risco de se tornar exclusivamente teórico – um doutor da lei!

— O senhor está coberto de razão – observou Odilon, considerando: – Cuidar da cabeça sem cuidar do coração é um dos maiores perigos a que o espírito se expõe, em sua jornada evolutiva.

CAPÍTULO 27

Após mais algumas visitas rápidas na ala feminina, dirigimo-nos ao pavilhão que alberga os nossos irmãos em situação de maior gravidade. Digo a vocês que não há hospital da Terra no qual possamos nos deparar com quadros tão pungentes e situações tão desesperadoras, em que a insanidade se alia às deformidades do corpo espiritual!

Enquanto seguíamos pelos corredores de acesso e descíamos mais um lance de escada, apenas escutávamos gemidos e gritos abafados por soluços e gargalhadas da mais completa alienação.

— Doutor – comentou Domingas –, quanto material de reflexão!... Penso que todos os que tivessem condições deveriam, pelo menos, passar uns dois ou três dias aqui, especialmente os nossos irmãos encarnados! Quanto trabalho a nos requisitar a boa vontade e o total esquecimento de nós mesmos!

— Penso nisto todos os dias, Domingas – frisou Modesta. – Como nos ocuparmos apenas dos jardins, nos belos espetáculos que nos oferecem à visão com flores multicoloridas de variadas espécies, esquecidos dos charcos, que são quistos enfermiços no organismo da própria Natureza?! Enquanto houver terrenos áridos e pântanos lamacentos, não nos será lícito o descanso...

— Eu estava me lembrando – retrucou a valorosa confreira – de certa passagem que li no livro "Obreiros da Vida Eterna", de André Luiz.

— Excelente obra! – exclamei.

— Gotuzo, médico que se encontrava atuando na Casa Transitória "Fabiano de Cristo", recebe a visita de sua mãe, Letícia, que, "incorporada" em Luciana, vem encorajá-lo à reencarnação... Ele se encontrava desanimado, em face das provas familiares que o esperavam na Terra.

— Isto é comum com todos nós – ponderou Odilon. – Todavia, ignorar o carma pessoal é impossível! Sem solucionarmos as questões de ordem íntima, não avançaremos – mesmo que o mundo nos considere na condição de benfeitores, se não vencermos no reduto doméstico, junto aos que estão ligados a nós mais diretamente, não lograremos ascender às Esferas da Luz!

— Foi justamente este argumento que a mãezinha de Gotuzo utilizou para convencê-lo a aceitar a nova oportunidade que a reencarnação próxima lhe concederia. Ela disse ao filho: *"Seu esforço médico, nesta casa, é, de fato, apreciável. Companheiros dignos seguem-no com amizade e admiração. Multiplicam-se os valores que o cercam; amontoa você preciosidades e bênçãos, na parte das aquisições afetivas, porém... e o próprio destino?"*

— Eis a pergunta – sublinhei: – *"... e o próprio destino?"*

Neste momento, conduzidos por Manoel Roberto, adentramos o apartamento de um ex-religioso, cujo corpo espiritual, pelas emanações fétidas, nos incomodava a respiração.

— Aqui está o nosso irmão Jerônimo – expliquei. – Foi a sua própria mãe que, resgatando-o das trevas, solicitou a sua internação conosco.

— Quem está aí? – perguntou, levantando a cabeça suarenta. – Dr. Inácio?! É o senhor?!...

— Sou eu, Jerônimo, com alguns amigos.

— Não, não quero que ninguém me veja assim, por favor – reagiu, encolhendo-se envergonhado.

— São todos irmãos e conhecidos, Jerônimo! Não se preocupe: Odilon, Modesta, Manoel, Domingas, Paulino... Viemos orar com você!

— Ah, Doutor, eu não mereço – traí a confiança de Deus! O senhor conhece a minha história... Por favor, é o que eu já lhe pedi: não me deixe voltar à Terra sem profunda anestesia no campo da memória... Fui e sou um monstro! Socorro, Doutor, socorro! Deixem-me aqui amarrado por mais tempo, embora eu preferisse morrer – a morte definitiva para mim seria um descanso...

— Mas também um "prêmio"... Concorda, meu irmão?! Como haveriam de ficar os nossos deslizes?! Como a justiça haveria de se fazer em favor de vítimas e verdugos, que somos todos nós?!...
— É verdade, é verdade! – replicou em grande aflição.
— Você quer que nos retiremos? – indaguei. – A nossa presença o incomoda?...
— Não, não, Doutor! – respondeu. – Deixe-me falar... Eu sou um criminoso – fui sacerdote! Ouvia pessoas em confissão e... fiquei completamente obcecado por sexo! Eu molestava crianças e adolescentes...

Neste ponto, Jerônimo soltou tremendo urro, fazendo com que, instintivamente, Domingas recuasse.

— Meu filho, procure manter a calma! Você está aqui, sendo tratado. Acredite, isto já é muito! Quantos sequer ainda não mereceram a bênção da internação em uma casa como esta, que a Bondade do Senhor ergueu para todos nós?!...

— Vejam, vejam – disse, afastando o lençol e expondo a genitália deformada.

— Decepe, Doutor, decepe! – pedia-me com insistência, argumentando. – *"Se a vossa mão ou o vosso pé vos é objeto de escândalo, cortai-os e lançai-os longe de vós..."* Oh, miserável que sou! Corte, Doutor, por caridade, corte!...

— Jerônimo – conversei, tentando frustrar a crise em andamento –, se não se incomoda, diga-nos: há quanto tempo, meu filho, você está assim?...

— Ah, Doutor, faz muito tempo – uns 200 anos, ou mais! Não sei! O sexo tem sido a minha ruína – o sexo e Deus! Perdoe-me a blasfêmia – solicitou. – Eu sei que o senhor é um homem de verdadeira fé... Sempre quis Deus, mas nunca pude me livrar deste vício terrível – a minha preferência por crianças e jovens! Doutor, eu desencaminhei a muita gente! Perdi as contas... São dezenas, centenas, ao longo de três ou quatro encarnações!

E voltava a pedir, erguendo a mão em minha direção:

— Corte, Doutor, corte... Corte o "monstro", corte! Corte agora... Pegue uma faca, por favor, e decepe!...

— Vamos fazer uma prece, meu filho. Tranquilize-se! O Manoel está aqui e, em seguida, dará a você o seu medicamento. Ninguém cai tão profundamente, que, de novo, não possa se colocar de pé! Providências haverão de ser tomadas. Tenha calma!

— *Senhor Jesus* – orou Modesta, enquanto nos aproximávamos do leito e lhe impúnhamos as mãos –, *Mestre de amor e bondade, aqui estamos nós implorando a Tua misericórdia... Auxilia-nos! Não nos deixes sem caminho e sem esperança. Estende-nos as Tuas mãos compassivas! Fortalece em nós o propósito do bem, com esquecimento de todo o mal... Sem a Tua intercessão, não passamos de pobre e triste seixo que a enxurrada de nossas próprias mazelas carrega para muito longe... Não consintas que venhamos a nos perder para sempre! Providencia as medidas que nos sejam indispensáveis à corrigenda, a fim de que não continuemos de queda em queda, enlouquecidos pela dor de que nos tornamos instrumentos para os outros... Anula-nos, Senhor, a vontade que ainda não sabemos usar em favor de nossa verdadeira paz! Apieda-Te de nossa indigência e, com a nossa permissão, desautoriza-nos em todas as atitudes que têm sido causa de nossa ruína espiritual... Não nos deixes agir por nós mesmos! Que a Tua misericórdia nos alcance e nos municie de força, pois, caso contrário, não superaremos os hábitos infelizes que se transformaram em "entidades" vivas a nos possuírem a vida... Liberta-nos, Mestre Amado! Cumpra-se em nós e por nós a Tua vontade augusta e soberana!...*

Ao término da oração e do passe, entre gemidos surdos, Jerônimo se aquietara no leito.

Com discreto sinal, chamei os amigos para que nos retirássemos do apartamento.

— Esse nosso irmão – comentei – é uma capacidade! Uma das maiores culturas teológicas com a qual já me deparei. Professor de Filosofia, ele detém vastos conhecimentos quase em todas as áreas do saber humano. Perdeu-se, no entanto, nos desvarios do sexo...

— Que providências, Doutor, serão tomadas em seu benefício? – inquiriu-me Domingas.

— Estamos esperando a sua mãe chegar... Provavelmente, ele será operado e, dentro de mais algum tempo, conduzido a novo corpo na Terra com as mutilações necessárias – mesmo porque não vemos alternativa. O seu aparelho genital está todo comprometido, em estado de degeneração...

— Ele, então?...

— Melhor, minha filha, que silenciemos em torno do assunto. A Bondade de Deus não se desinteressa de quem seja. Quando se recuperar, se tudo correr bem, daqui, talvez, a muitos anos, Jerônimo há de ser muito útil aos propósitos do Evangelho! Ele não é mau – ninguém é mau –, ele está doente, como todos nós estamos! Quem não está doente no campo do sexo, está doente no terreno da ambição desmedida, ou do fanatismo religioso que, há séculos, vem escravizando as mentes... A Terra é um grande hospital!

— Mais de almas que de corpos, não é, Doutor?! – inquiriu Paulino.

— Sem dúvida – respondi. – A Terra é um grande sanatório, em que os médicos não passam de doentes um pouco melhores que os pacientes sob os seus cuidados!

— Gostaria de efetuar pequeno comentário – disse Odilon – sobre o Dr. Gotuzo, personagem do livro "Obreiros da Vida Eterna". A situação dele é semelhante à da maioria de nós outros. Estamos, presentemente, engajados na obra do Cristo, nos labores que a Doutrina Espírita nos enseja – seja na Terra ou no Plano Espiritual! Atuamos na mediunidade, na exposição verbal ou escrita de nossos Princípios, erguemos instituições de amparo aos necessitados de todos os matizes, organizamos encontros e congressos, enfim, abraçamos a Causa com a força da fé que nos inflama o espírito, não obstante, os nossos compromissos cármicos particulares permanecem à nossa espera...

— E quantos – comentou Modesta – não haverão de ser ao longo das vidas que já vivemos!...

— O nosso idealismo com o Cristo é recente, extremamente recente – elucidou Odilon. – O que o passado de cada um de nós ainda não estará a encobrir, não?!

— Você tem razão, meu caro! – retruquei. – Tem razão e, como sempre, assino embaixo... Creio, no entanto, que não podemos ceder muito espaço mental a isto. Procuremos trabalhar e trabalhar, não com o pensamento na conquista de mérito, mas, sim, no amortizar de nossos muitos débitos!

A turma silenciou, pensativa, e, enquanto transpúnhamos a escada, de volta ao andar térreo do Hospital, antes das despedidas, falei:

— Na semana que vem, para quem ainda estiver animado, daremos sequência aos estudos de "A Gênese", certo?! Iniciaremos o capítulo IX, "Revoluções do Globo", que, por mais tenha se agitado desde a sua formação, nunca tanto se agitou quanto se agitam as nossas entranhas!...

CAPÍTULO 28

— Retomando os nossos estudos – anunciei – da obra em questão, "A Gênese", extraordinária síntese de Kardec sobre a Evolução da Terra e do Homem, escrita por ele sob a inspiração dos Espíritos Superiores e com o respaldo dos elementos de pesquisa à sua disposição no século XIX, vamos ver o capítulo IX, "Revoluções do Globo", subordinado aos temas: "Revoluções gerais e parciais", "Idade das Montanhas", "Dilúvio Bíblico", "Revoluções Periódicas", "Cataclismos Futuros", "Acréscimo ou Diminuição do Volume da Terra"... Todavia, como alguns temas deste capítulo já foram, antecipadamente, abordados por nós, sugiro que nos demoremos no subtítulo "Revoluções Periódicas" e assuntos subsequentes.

— Ótimo – concordou Odilon. – Mesmo porque, assim procedendo, estaremos tratando de temas atualíssimos.

— Kardec – elucidei – escreve que, *"além de seu movimento anual em redor do Sol, que produz as estações, de seu movimento de rotação sobre si mesma em 24 horas, que produz o dia e a noite,* **a Terra tem um terceiro movimento que se realiza aproximadamente a 25.000 anos de intervalo, mais exatamente, 25.868 anos...** *"* (destaquei).

— Quer dizer – inquiriu Paulino – que, além dos movimentos de translação e rotação, existe um terceiro movimento?

— Sim – respondi. – Este terceiro movimento tem sido chamado de "precessão", semelhante ao bamboleio de uma piorra, quando, então, o eixo da Terra se modifica...

— Doutor, eu nunca entendi bem... O que entender por "eixo da Terra"? – perguntou Domingas.

— É uma linha reta imaginária que cruza o centro da Terra... O Codificador, com o seu conhecimento enciclopédico, anotou: *"... por tal consequência de tal movimento, o eixo da Terra, mudando de inclinação, descreve um duplo cone cujo vértice é o centro da Terra, e as bases abarcam a superfície circunscrita pelos círculos polares; isto é, uma amplitude de raio de 23 graus e meio"*. Literalmente, a Terra sacoleja! Você já brincou de bambolê, não, Domingas?!

— Doutor, eu tinha as cadeiras um pouco duras, mas, sim, brinquei...

— Imagine a Terra fazendo aquele movimento – que, aliás, imperceptivelmente, ela começa a fazer desde quando termina um ciclo de 25.000 ou, quase, 26.000 anos!

— É uma catástrofe! – exclamou a companheira.

— Vamos com calma. Antes de prosseguirmos – frisei –, gostaria apenas de destacar a abrangência do estudo apresentado por Kardec sobre o tema em questão. Muita gente anda dando exagerada ênfase às chamadas "profecias maias", esquecendo-se de que o assunto está nas páginas de "A Gênese" desde 1868!

— Muito bem colocado – concordou Modesta. – Sinceramente, eu nunca ouvi, ou pude ler, de um espírita esta citação. Chego a pensar que, de fato, muito pouca gente lê e, menos ainda, estuda "A Gênese"!

— Endosso literalmente o que nossa irmã D. Modesta está dizendo – redarguiu Odilon. – Esta história de 2012, mais propriamente, de 21-12-2012...

— Quantos 1 e 2, hem?! – observou Domingas.

— Pois é, esta história atribuída aos maias já era conhecida dos egípcios, dos celtas, dos caldeus... Aliás, foi no famoso "Concílio de Niceia", em 325 d.C., que a Igreja repudiou o "tempo cíclico", ou seja: as profundas mudanças que, de 26.000 em 26.000 anos, afetam a Terra...

— Outra coisa – enfatizei –, Kardec também estudou, em "A Gênese", a questão do *"aquecimento e o resfriamento alternativo dos polos"*!

— Que coisa! – se admirou Domingas. – Quero confessar aqui a minha ignorância, pois, sinceramente, nunca pude ver isto no livro que estamos estudando...

No entanto, embora possuísse diploma em Pedagogia, eu sempre fui semianalfabeta! O pior é gente espírita que se diz letrada e não sabe nada disto!

— Kardec também – acrescentou Odilon – fala do deslocamento gradual do mar!...

— Fala?! – sabatinou Paulino.

— Está aqui: *"O deslocamento gradual do mar, que pouco a pouco invade as terras, enquanto que descobre outras, para as abandonar de novo e reentrar em seu antigo leito"*!

— Por favor – solicitei –, deixem-me falar e manifestar o meu entusiasmo com a sabedoria das Leis de Deus! Que maravilha! Vejam bem a Lei de Compensação, funcionando até mesmo para a matéria inerte! A Justiça Divina abarca a tudo e a todos – nenhum grão de areia fica esquecido!

— Doutor, se possível, elucide-me mais neste sentido – exorou Manoel. – De fato, que magnificência!

— Manoel – explanei com reverência –, veja você o que escreveu Kardec: *"O deslocamento lento, gradual e periódico do mar é um fato adquirido pela experiência, e atestado por numerosos exemplos sobre todos os pontos do globo. Tem como consequência a manutenção das forças produtivas sobre a Terra. Esta longa imersão é um tempo de repouso durante o qual as terras submersas recuperam os princípios vitais esgotados por uma produção não menos longa."*! Entendeu?! As glebas produtivas de hoje, e que estão se esgotando em sua fertilidade, serão, amanhã, substituídas por aquelas que haverão de emergir das profundezas dos oceanos...

— A matéria orgânica que, há milênios, vem sendo depositada no fundo dos oceanos?...

— É gleba fertilíssima! – exclamei. – Em contrapartida, as extensas glebas estéreis, ou em vias de se esterilizar, haverão de submergir e entrar num período de longo refazimento...

— Admirável! – concluiu Modesta.

— A gente tem vontade de cair de joelhos! – disse Domingas, emocionada.

— Informações recentes – aduziu o Instrutor – dão conta que o terremoto ocorrido no Chile, em 2010, e o que sacudiu o Japão, em 2011, já alteraram em 8 centímetros o eixo da Terra!

— Sim – ponderei –, mas ambos os episódios fazem parte do fenômeno que vem se manifestando com o chamado "aquecimento global"... O problema é que, a cada 26.000 anos, a Terra se aproxima do centro da Galáxia! Daqui para a frente, podemos, sim, esperar profundas mudanças no clima da Terra!

— E não apenas, Doutor, no clima da Terra – redarguiu Odilon com precisão. – As dimensões espirituais mais próximas do orbe também se submeterão a significativas alterações climáticas e geográficas – ou topográficas! O Planeta, por assim dizer, é o epicentro do fenômeno que está sendo desencadeado – que, tremendamente, repercutirá para baixo, e para cima, em considerável raio de ação...

— Quer dizer que, para baixo, as Dimensões das Trevas e do Abismo?...

— ...sofrerão barbaramente! – respondi. – Isto faz parte do exílio previsto... Muitos espíritos irão desencarnar segunda vez! Entrarão na Grande Arca – enfatizei.

— Para cima, as dimensões umbralinas?...

— Quanto mais próximas do orbe, mais sofrerão – disse Odilon, explicando. – Imaginemos uma pedra lançada no centro de um lago... As encíclias, ondas que, em consequência, se formarão, talvez até atingirem a margem, serão mais fortes quanto mais perto estiverem do ponto em que a pedra caiu!

— Podemos, então – questionou Paulino –, esperar certos abalos sísmicos e bruscas mudanças em nosso meio ambiente?

— Perfeitamente! – tornei a responder sem evasivas. – No livro intitulado "Obreiros da Vida Eterna", já mencionado, no capítulo X, "Fogo Purificador", André Luiz descreve uma tempestade que se desencadeia sobre região espiritual inferior, saneando a atmosfera, desalojando entidades que, desde muito, lá permaneciam... Na "Revista Espírita", mês de outubro de 1868, nos deparamos com uma comunicação mediúnica assinada pelo Dr. Barry – ela é muito interessante e, por este motivo, foi incluída nela por Kardec. Vejamos o que o referido espírito nos diz em determinado trecho: *"Uma coisa que vos parecerá estranha, mas que por isso não é menos uma*

*rigorosa verdade, é que o mundo dos espíritos que vos cerca sofre o contragolpe de todas as comoções que agitam o mundo dos encarnados; digo mais: nele toma uma parte ativa. Isto nada tem de surpreendente para quem sabe que os espíritos não fazem senão um intercâmbio com a Humanidade; que dela saem e que nela devem reentrar. Ficai, pois, certos de que, quando uma revolução social se realiza sobre a Terra, ela movimenta igualmente o mundo invisível; todas as paixões boas e más ali são superexcitadas como entre vós; uma indizível efervescência reina entre os espíritos que ainda fazem parte do vosso mundo e que esperam o momento de nele reentrar. **À agitação dos encarnados e dos desencarnados se juntam às vezes, e frequentemente mesmo, porque tudo sofre na Natureza, as perturbações dos elementos físicos; há então, por um tempo, uma verdadeira confusão geral, mas que passa como um furacão, depois do qual o céu volta a se tornar sereno, e a Humanidade, reconstituída sobre novas bases, imbuída de novas ideias, percorre uma nova etapa de progresso".*
(destaquei)

— Doutor – gracejou Domingas comigo –, o senhor "desenterra defuntos"... Que mensagem é essa – interessantíssima?! Eis aí outro aspecto do Mundo Espiritual sobre o qual nunca ouvi ninguém falar patavina...

— Eu sei disto, minha cara – esclareci –, porque o Dr. Barry foi meu amigo... No Mundo

Espiritual, conversávamos a respeito deste assunto, e ele me dizia que estava pleiteando, via mediunidade, escrever algo em torno de semelhante tema a fim de servir de reflexão para os adeptos do Espiritismo.

— A página assinada por ele, no entanto, não foi incluída na Codificação...

— Não houve tempo, minha cara – foi em outubro de 1868! "A Gênese" já havia sido publicada, em janeiro, e daí a poucos meses ocorreria o desenlace do Codificador.

— Daqui para a frente – explicou Odilon –, podemos esperar não apenas comoções de natureza física, mas distúrbios psicológicos, que, infelizmente, vêm se manifestando através das ondas de violência que se espalham, as crises de depressão que se multiplicam, os surtos psicóticos, as obsessões...

— Terremotos, furacões, tornados e tsunâmis por fora, e desequilíbrios emocionais por dentro, prenunciando as mudanças anunciadas!

— Com tudo isto – acrescentou Odilon aos comentários que o estudo suscitara, na produtiva reunião que chegava a termo –, Kardec não deixou de registrar que: *"Até que a humanidade haja crescido suficientemente em perfeição pela inteligência, e pela prática das leis divinas, as maiores perturbações serão causadas pelo homem, e não pela Natureza, isto é, serão mais morais e sociais que físicas"*.

CAPÍTULO
29

— Vamos estudar hoje – anunciei – o capítulo X, "Gênese Orgânica", constituído dos seguintes assuntos: "Primeira Formação dos Seres Vivos", "Princípio Vital", "Geração Espontânea", "Escala dos Seres Orgânicos" e, finalmente, "O Homem". Neste capítulo, Kardec nos dá uma visão panorâmica da origem da Vida sobre a Terra, culminando com o aparecimento do homem.

— Doutor, apenas para lembrar a atualidade de "A Gênese" – observou Odilon –, os cientistas da atualidade, através de suas pesquisas, já se depararam com evidências de que a vida, de fato, veio do espaço – encontraram moléculas raras em rochas espaciais, que teriam chegado à Terra trazidas por meteoritos...

— Isto é mais do que óbvio, não é? – retruquei –, pois, afinal, a vida orgânica não poderia se desenvolver senão a partir de uma "semente" ou de um gene primordial... Conforme escreveu Kardec, em tom de questionamento, *"cada espécie animal deriva de um **primeiro casal** ou de diversos casais criados, **germinados** simultaneamente em diversos lugares?"*

— E, no caso – aparteou Modesta –, não apenas a espécie humana, pois que o raciocínio vale para as espécies vegetais e animais...

— Neste sentido – falou Domingas –, peço a vocês que permitam lembrar determinada resposta que Chico deu a um pastor, no célebre Programa "Pinga-Fogo", levado ao ar pela extinta Rede Tupi de Televisão, no ano de 1970. O pastor o interpelara sobre a questão da Reencarnação, dizendo o seguinte: "Deus criou Adão e Eva, todos nós concordamos e creio que você também, quanto à maneira como foi criado, e o mundo cristão inteiro. Muito bem. Mas logo após a criação de Adão e Eva, as duas primeiras criaturas humanas, surgiram as duas outras criaturas humanas – são os dois filhos de Adão e Eva: Abel e Caim. Você poderia dentro da sistemática espiritualista, dentro da doutrina da reencarnação, você poderia dar, meu caro Xavier, uma explicação aceitável de onde vieram, qual a procedência de Caim e Abel, os dois primeiros filhos de Adão, isto é, pela ordem, a terceira e a quarta pessoas humanas existentes aqui na Terra? Responda-me e eu gostaria que os milhões de telespectadores que assistem agora você, com tanta atenção devido à fama do seu nome e às qualidades insofismáveis que você as tem, responda a procedência e como essas duas criaturas humanas, vieram à Terra, Abel e Caim. É somente isso, e muito obrigado."

— Era o Pastor Manoel de Mello e Silva – esclareci –, fundador da Igreja "O Brasil para o Cristo", desencarnado em 1990...

— Chico, com a serenidade de sempre e a inspiração de Emmanuel, lhe deu inesquecível resposta, que foi inserida no livro "Pinga-Fogo" – vou procurar sintetizá-la: *"... pedimos permissão ao nosso caro Pastor Evangélico, Sr. Manoel de Mello, para considerar que, no livro de Gênesis, no capítulo IV, versículos 16 e 17, vamos encontrar uma questão muito interessante para nossos estudos em conjunto, porque nós todos somos estudantes das letras sagradas. O capítulo IV trata, por exemplo, da união de Adão e Eva para o nascimento dos seus três filhos: Caim, Abel e Seth. Sabemos por esse texto, o capítulo quarto do livro de Gênesis de Moisés, que Caim exterminou Abel. Entretanto, nos versículos 16 e 17, nós encontramos uma informação muito curiosa: a informação de que Caim, em se retirando da face de Deus, se dirigiu para uma cidade ou uma terra chamada Node, onde ele desposou aquela que foi sua esposa e teve com ela uma grande descendência. Então, estamos perguntando se determinados textos do Antigo Testamento não seriam códigos, que nós precisamos estudar com mais segurança para não cairmos, por exemplo, em contradição do ponto de vista literal. Nós precisamos estudar com técnicos e pesquisadores de*

História, que nós os temos hoje em todas as direções – digo isso com o máximo respeito –, porque, se Caim matou Abel antes do nascimento de Seth, mas casou-se numa cidade chamada Node, onde encontrou a sua mulher, aquela que foi a sua esposa e com ela teve uma grande descendência, o assunto exige estudos especiais de nós todos, porque, segundo a criação no jardim edênico, a família inicial teria sido constituída pelas quatro pessoas, às quais se refere o nosso caro Pastor Evangélico, Sr. Manoel de Mello: Adão, Eva e os dois filhos do casal. Vamos estudar então a questão".

— Que delicadeza, a de Chico, não é?! – retrucou Manoel Roberto. – Ele não quis dizer ao pastor que, evidentemente, a Humanidade toda não poderia ter se derivado de Caim, que havia matado Abel, e de Seth... Como ambos, sendo homens e irmãos, poderiam se reproduzir?!

— O pastor ficou em maus lençóis! – exclamou Paulino. – Demonstrou falta de conhecimento bíblico...

— E Chico, confessando a sua ignorância a respeito do Antigo Testamento, chega a citar o capítulo e os versículos – anotei.

— Então, como considera o Codificador – prosseguiu Odilon – a vida surgiu em vários pontos ao mesmo tempo, com as diferentes raças que se espalharam pelo globo. Segundo Kardec, as escavações têm comprovado esta tese...

— E mais – aduzi –, este argumento de Kardec é extraordinário: *"... a vida de um indivíduo, sobretudo de um indivíduo nascente, é sujeita a tantas eventualidades, que toda uma criação poderia ser comprometida, sem a pluralidade de tipos, o que implicaria numa imprevidência inadmissível da parte do soberano Criador".* Repetindo: a vida sobre a Terra, copia a vida no Cosmos, e a vida no Cosmos surgiu em inumeráveis pontos, simultaneamente.

— Em seguida – sublinhou o Instrutor –, Kardec faz uma incursão no mundo da Química, mostrando que, dependendo da combinação dos elementos – dos mesmos elementos, combinados diferentemente, temos uma variedade imensa de corpos... Ele cita exemplos, dizendo que o oxigênio, *"combinado em certas proporções com o carbono, o enxofre, o fósforo, forma os ácidos carbônico, sulfúrico, fosfórico"* – que possuem propriedades diferentes. Dependendo da combinação dos genes, que são "pacotes" de elementos químicos, temos imensa diversidade no campo da pigmentação da pele, do tamanho do corpo, da sexualidade, do formato da face, enfim, do chamado "biótipo"...

— Claro que – ponderei –, mais adiante, no capítulo XI, "Gênese Espiritual", nós veremos que a vida material é o campo dos efeitos, e não causas. Todo ascendente é de ordem espiritual. Literalmente – vale frisar –, a vida foi do Espaço para a Terra, ou, em outras palavras, a Vida visível é consequência da Vida "invisível"!

— Quando o cenário estava preparado – prosseguiu Odilon –, a vida animal surgiu em diversos pontos do globo, e isto sem que houvesse solução de continuidade no processo evolutivo. De acordo com o que considerava o Codificador, *"pode-se concluir que os corpos dos primeiros seres vivos foram formados, como as primeiras pedras, pela reunião das moléculas elementares, em virtude da lei da afinidade, à medida que as condições da vitalidade do globo foram propícias a tal ou qual espécie"*. Por *"condições de vitalidade do globo"*, claro, devemos entender o clima favorável e o alimento indispensável ao processo de reprodução.

— O livro "Evolução em Dois Mundos", de André Luiz, neste tema de nossos comentários – redargui –, é rico compêndio de informações, mostrando que a evolução se processou, e se processa, de maneira concomitante, nos Dois Lados da Vida: *"O veículo do espírito (perispírito), além do sepulcro, no plano extrafísico ou quando reconstituído no berço, é a soma de experiências infinitamente repetidas, avançando vagorosamente da obscuridade para a luz"*. Na paciente elaboração das formas, o espírito se aperfeiçoa! A matéria é veículo para a jornada do espírito às cumeadas da Evolução!

— É tanta coisa bonita – disse Domingas com espontaneidade –, que a gente fica até meio perdida... Vejam o que, no livro "No Mundo Maior", André Luiz escreve, no capítulo 3: *"Depois da morte física, o que há de mais surpreendente para nós é o reencontro da vida. Aqui aprendemos que o organismo perispirítico que nos condiciona em matéria mais leve e mais plástica, após o sepulcro, é fruto igualmente do processo evolutivo. Não somos criações de papelão. Somos filhos de Deus e herdeiros dos séculos, conquistando valores, de experiência em experiência, de milênio a milênio. Não há favoritismo no Templo Universal do Eterno, e todas as forças da Criação aperfeiçoam-se no Infinito. A crisálida de consciência, que reside no cristal a rolar na corrente do rio, aí se acha em processo liberatório; as árvores que por vezes se aprumam centenas de anos, a suportar os golpes do Inverno e acalentadas pelas carícias da Primavera, estão conquistando a memória; a fêmea do tigre, lambendo os filhinhos recém-natos, aprende rudimentos do amor; o símio, guinchando, organiza a faculdade da palavra. Em verdade, Deus criou o mundo, mas nós nos conservamos ainda longe da obra completa".*

— É mesmo maravilhoso! – exclamou Modesta, emocionada, observando pequena e delicada mariposa que viera pousar sobre a mesa em que nos reuníamos. – Pensar que esta linda mariposa é um ser humano em gestação...

— E que nós – emendei –, "mariposas humanas", estamos a caminho da angelitude!...

— Sinceramente – disse Manoel –, eu não conseguiria conceber o drama da Vida de outra maneira: o Amor Divino é uma Força Aglutinadora!

— Quando fala acerca do "Princípio Vital" – continuou Odilon –, Kardec começa a estabelecer certa dissociação com a Ciência exclusivamente materialista – porque a Ciência oficial para exatamente aqui, não conseguindo transcender a questão da forma que se origina e se extingue...

— Ele aponta o "princípio vital" como sendo uma das modificações do "fluido cósmico universal", que André Luiz chama de "plasma divino" – nos vegetais, por assim dizer, ele é a seiva; nos animais, é o sangue... Enfim, nos minerais, é a "força dos átomos", em forma de energia concentrada... Em "O Livro dos Espíritos", Kardec pergunta na questão 61: *"Há uma diferença entre a matéria dos corpos orgânicos e inorgânicos?"* Resposta: *"É sempre a mesma matéria, mas nos corpos orgânicos ela é animalizada"*. Em outras palavras, está escrito no livro de Gênesis, capítulo 2, versículo 7: **"Então formou o Senhor Deus ao homem do pó da terra, e lhe soprou nas narinas o fôlego da vida, e o homem passou a ser alma vivente"**. (destaquei)

— Interessante – comentou Domingas –, até a Bíblia diz que Deus formou o homem do pó da Terra...

— O Codificador, embora não avance muito nas considerações que efetua sobre o "princípio vital", anotou algo que nos induz a pensar – o "princípio vital" é engendrado pela ação dos órgãos, como se o corpo fosse uma máquina que, em funcionamento, produzisse a energia que consome!

— Ah, entendi, Doutor! – reagiu Domingas. – Agora entendi melhor esta questão que, sinceramente, sempre me intrigou. Porque eu imaginava que, ao reencarnar, o espírito tomava certa porção de "fluido vital" – na minha ingenuidade, eu ficava pensando como é que seria esta operação... O que os Espíritos ensinam é figurado. Esse "fluido vital" pode ser obtido através dos alimentos, do ar que se respira, do perfume que se exala da corola de uma flor, da aragem do mar, do sangue que herdamos de nossos pais, do passe magnético, de um copo d'água...

— Sim, minha cara, o "fluido vital" é o elemento mais abundante da Natureza – é o Hausto do Criador!

CAPÍTULO
30

— Então – disse eu -, continuando o estudo deste capítulo, vejamos, rapidamente, os temas da "Geração Espontânea", "Escala dos Seres Orgânicos" e "O Homem Corporal". Convém deixar claro que nada pode se originar de nada, ou seja, a questão da geração espontânea é mal-compreendida, pois, sem que haja o princípio, não se pode ter o corpo que se desenvolve sob a ação das Leis Naturais.

— A geração espontânea, Doutor – ponderou Odilon –, de acordo com os estudos de Kardec, e as conclusões da Ciência, é princípio que não se aplica senão *"aos seres das ordens mais inferiores do reino vegetal e do reino animal, àqueles nos quais começa a surgir a vida e cujo organismo, extremamente simples, é de alguma forma rudimentar"*. Desde que dois seres da mesma espécie foram criados, ou mesmo um único, no caso de hermafroditismo, esses seres se sentiram atraídos um para o outro, por empatia natural, e... passaram a se reproduzir.

— Seria absurdo e estranhamente bizarro – comentou Domingas –, se os seres continuassem a se gerar espontaneamente...

— Por falar em hermafroditismo – considerei –, talvez seja interessante recorrermos aos apontamentos de André Luiz, na obra "Evolução em Dois Mundos", repetidamente citada por nós. No capítulo XVIII, "Sexo e Corpo Espiritual", apenas a título de informação aos estudiosos, o renomado autor afirma que *"examinando o instinto sexual em sua complexidade nas linhas multiformes da vida, convém lembrar que, por milênios e milênios, o princípio inteligente se demorou no hermafroditismo das plantas, como, por exemplo, nos fanerógamos, em cujas flores os estames e pistilos articulam, respectivamente, elementos masculinos e femininos. Nas plantas criptogâmicas e vasculares ensaiara longamente a reprodução sexuada, na formação de gametos (anterozoides e oosferas) que muito se aproximam aos dos animais e cuja fecundação se efetua por meios análogos aos que observamos nestes últimos seres".*

— Dr. Inácio – inquiriu-me Manoel Roberto –, o senhor crê que, sobre a Terra, seres, vegetais e animais, ainda possam ser gerados espontaneamente?

— Sim, creio – respondi. – Notadamente, Manoel, para novas espécies vegetais e animais que haverão de surgir... Eu não acredito que todas as "sementes" de vida existentes na imensa estufa, que é a Terra, já tenham eclodido e, com maior propriedade, acredito que as espécies existentes poderão, como, aliás, tem acontecido, se adaptar para reprodução entre si, dando origem a espécies desconhecidas.

— Eu compactuo, Doutor, desta sua colocação – endossou o Instrutor. – A Ciência tem descoberto espécies novas de vegetais e animais, mormente no mundo marinho. Entre 1999 a 2009, por exemplo, na Amazônia, mais de 1.000 espécies de rãs foram descobertas... 637 espécies de plantas novas apareceram, 216 anfíbios, 55 répteis, 16 pássaros, e por aí vai! Existe uma espécie de falcão que, em 2002, foi descoberto no Estado do Pará! Não tenhamos dúvida: a mutação genética é constante – por ação das Leis da Evolução, como também por agentes químicos poluidores que interferem no código genético das plantas e dos animais!

— Kardec, extremamente cuidadoso – retruquei –, não deixou de escrever, no entanto, nas páginas de "A Gênese" o que peço permissão para ler: *"No estado geral de nossos conhecimentos, não podemos enunciar a teoria da geração espontânea **permanente**, senão como uma hipótese, mas como uma **hipótese provável"*** (grifei)...

— Doutor – observou Odilon –, no que tange à "Escala dos Seres Orgânicos", já comentamos anteriormente. Neste parágrafo, o Codificador demonstra que entre um reino e outro, principalmente entre o reino vegetal e o reino animal, não há delimitação nítida – a evolução, a não ser quando observada a certa distância no tempo, acontece de maneira imperceptível...

— Sim – concordei –, eu só gostaria de acrescentar, para que não fique nenhum hiato em nossa compreensão do processo evolutivo, que *"compreende-se que não haja geração espontânea senão para os seres orgânicos elementares; as espécies superiores seriam o produto das transformações sucessivas desses mesmos seres..."* Quer dizer: o resto corre por conta das combinações cromossômicas, que variam ao infinito!

— Inácio – aparteou Modesta com inteligência –, seguindo esta linha de raciocínio para a geração espontânea, nós podemos dizer que, por exemplo, quando uma espécie se extingue, os princípios que, espontaneamente, a haviam gerado também se esgotaram, não?!

— Claro, pois, se assim não fosse, a espécie não se extinguiria! A sua constatação é extremamente valiosa. Com certeza, devem entrar em ação em tal processo seletivo leis que nos são absolutamente desconhecidas.

— Finalmente – exclamou Domingas –, chegamos ao parágrafo intitulado "O Homem Corporal"! Aqui é que teremos "pano para mangas"...

— Antes de seguirmos adiante, no entanto – solicitou o Instrutor –, deixem-me citar Plotino...

— A quem?! – interrogou Domingas.

— Plotino, para variar, era egípcio, nasceu em Licopólis, no ano 205, tendo vivido até o ano de 270 – esclareceu Odilon. – Depois de Sócrates e Platão, e alguns pré-socráticos, é um dos filósofos que mais admiro. Ele escreveu "Tratados da Enéadas", dentre outros trabalhos de sua lavra. Influenciou o pensamento dos neoplatônicos e dos filósofos cristãos, islâmicos e judaicos.

— Deve ter sido um capelino – concluiu a confreira.

— Domingas – aproveitou Odilon para elucidar –, a Terra, felizmente, tem recebido ilustres visitantes, não apenas de Capela, mas também de outros orbes planetários – a rigor, não podemos dizer que a nossa herança cultural e espiritual seja apenas oriunda de Capela! Isto está lá, em "O Livro dos Espíritos", na questão 176: *"Os espíritos, depois de haverem encarnado em outros mundos, podem encarnar neste, sem jamais terem passado por aqui?"* Resposta: *"Sim, como vós em outros globos.* **Todos os mundos são solidários:** *o que não se faz num, pode fazer-se noutro"*.

— Odilon – insisti –, mas o que você queria citar de Plotino?

— Quando ele escreve "Sobre a Descida da Alma nos Corpos", vejam o que ele diz – tem-se a impressão de que estamos lendo um apontamento doutrinário: *"Era necessário que todos os seres do Mundo Inteligível moldassem um número equivalente de formas de criaturas vivas análogas a eles aqui, no Mundo Sensível"*. Para ele, como para Platão, "Mundo

Inteligível" é o "mundo das ideias", ou das causas, e "Mundo Sensível" é o mundo concreto, ou dos efeitos.

— Muito bem! – exclamei, feliz. – Aliás, Kardec, que era reencarnação de Platão, é influenciado por ele mesmo e por Plotino, notadamente quando se refere à Alma do Mundo, assunto que já comentamos.

Após a pausa que se fez natural, voltei a orientar o estudo em forma de diálogo, que, assim, se nos mostrava muito mais proveitoso e enriquecedor.

— Chegamos finalmente – anunciei – à classe deste povinho custoso: "O Homem Corporal"! Como vocês são difíceis! – disse gracejando. – Vocês, Manoel, arrasam a Criação Divina... Uma trabalheira de milênios, para dar no que deu! Se eu fosse o Criador, passava a régua e começava tudo de novo...

— Ainda bem, Doutor, que o senhor não é! – retrucou Manoel.

— O homem pertence à classe dos mamíferos – não larga a teta de jeito nenhum! O ato de sugar é o de mais extremo egoísmo, herdado da evolução animal... A diferença entre o homem e o animal, no que tange a organismo, é quase nula: "... *nasce, vive, morre nas mesmas condições, e com a morte seu corpo se decompõe como o de tudo quanto vive. Não há em seu sangue, sua carne, seus ossos, um átomo diferente dos que se encontram nos corpos dos animais; como esses, ao morrer, ele entrega à terra o hidrogênio, o oxigênio, o azoto e o carbono que estavam combinados para formar, e vão, por meio de novas combinações, formar novos corpos minerais, vegetais e animais".*

— Inclusive, Inácio – falou Modesta –, há gente que, com base nesta dissociação, admite a reencarnação dos elementos, mas não do ser inteligente...

— Isto seria negar a Evolução e conferir aos elementos maior importância que à inteligência. Deus, então, seria o Senhor das Moléculas! Para quem criou o Universo, convenhamos, isto seria ridículo! Trata-se de uma teoria sem qualquer sustentação lógica, mesmo porque as lembranças inatas, mormente as que afloram em crianças, a lançam por terra...

— E também, Doutor – emendou Odilon –, a comunicabilidade dos espíritos...

— Correto! – exclamei. – Uma molécula não poderia conservar a sua individualidade – seria até gozado uma molécula psicografando! Se bem que eu, psicografando, não passo mesmo de uma molécula!

— Então – sugeriu Domingas com o seu bom humor –, seria uma molécula escrevendo por outra, não é, Doutor?!

— Uma molécula incorporada em outra, e vai por aí afora...

— A diferença entre o homem e o macaco, além da questão cromossômica – elucidou Odilon – é que o homem é considerado *bímano*...

— E bígamo! – não resisti.

— ... ao passo que o macaco é *quadrúmano*, ou seja: animais de quatro mãos!

— Isto aqui é formidável – disse, passando a ler o que Kardec escrevera: *"Embora fira seu orgulho, o homem deve se resignar a ver **em seu corpo material** o último elo da animalidade **sobre a Terra**"* – quer dizer: somos pouco mais do que bichos! E não adianta a reitoria chiar!

— Doutor, o senhor falar tanto em reitoria?...

— Ah, Domingas!, é em homenagem a um amigo meu que está com Alzheimer – até hoje ele se vê de palmatória na mão...

— Esse Inácio! – atalhou Modesta, reticente.

— O Dr. Núbor Facure, que, por sinal, é uberabense, em seu livro "O Cérebro e a Mente", que tomamos a liberdade de recomendar aos nossos leitores encarnados e desencarnados, anotou que *"o bipedismo trouxe também, como vantagem, a liberdade para as mãos, que ficam disponíveis para explorar ou transportar objetos ou ferramentas"*. Então, você, Manoel, que era um *quadrúmano* – e isto não faz muito tempo! –, ao se transformar em *bímano*, libertou duas patas, ou seja, as mãos, e passou, com elas, a manusear os objetos e trazê-los para mais perto dos olhos...

— Redirecionou o seu esqueleto e a coluna, a bacia, – enfim – comentou Odilon tomando parte na brincadeira –, foi adquirindo a posição ereta!

— E, com isto, os seus neurônios foram se multiplicando, aumentando as chamadas *sinapses*... Quanto mais você explorava o mundo exterior, mais *sinapses* eram criadas. Por tal motivo, os pais que não estimulam o cérebro da criança, desde que nasce, costumam causar a ela um prejuízo quase irreparável! Toda criança precisa adquirir o hábito da leitura – da boa leitura! Precisa ler uma boa literatura, poesia, ficção, história, filosofia...

CAPÍTULO
31

— Este trecho final do capítulo X, "Gênese Orgânica" – falei –, é fantástico. Kardec, com a coragem que lhe é peculiar, proclamou: *"O materialismo pode por aí perceber que o Espiritismo, longe de pôr em dúvida as descobertas da Ciência, e sua atitude positiva, vai mais à frente e as provoca, pois é certo que o princípio espiritual, **que tem sua existência própria**, não pode sofrer nenhum dano. O Espiritismo caminha a par com o materialismo, no terreno da matéria; admite tudo o que este admite; porém, onde o materialismo se detém, o Espiritismo prossegue. O Espiritismo e o materialismo são como dois viajantes que caminham juntos, partindo do mesmo ponto; chegados a uma certa distância, um diz: 'Não posso ir mais longe;' o outro continua sua rota e descobre um mundo novo"!*

Enquanto o pessoal meditava na leitura efetuada, arrematei:

— Por tal motivo, destemidamente, Kardec se põe a escrever o próximo capítulo de "A Gênese", o XI, intitulado "Gênese Espiritual", que, para mim, é um dos mais belos e revolucionários da obra.

— Doutor – pontuou Odilon –, interessante é que a história da fisiologia humana, ou seja, do corpo humano, é a história da fisiologia espiritual, ou do desenvolvimento do espírito – do crescimento da chamada *mônada*!

— Exatamente.

— O mundo material é a contraface do mundo espiritual! O que, realmente, ocorre, na epopeia da Criação, é uma "descida", para, em seguida, acontecer a "subida"!

— Pietro Ubaldi chamava o fenômeno de "involução" e "evolução"... Claro que, pela ótica espírita, temos alguns reparos a fazer em sua colocação a respeito. O anjo não decai! O que decai é o embrião do espírito fadado a ser anjo! Seria, por exemplo, absurdo admitir que Jesus Cristo pudesse "involuir"... Não obstante, o teórico Satanás "involuiu", porque ainda não havia atingido o patamar evolutivo do Cristo! O termo "involução" é preciso ser empregado com muito cuidado, para não expressar uma ideia equivocada.

Efetuei nova pausa e acrescentei:

— Mas, antes de estudarmos o capítulo XI, gostaria de tecer ligeiras considerações – com base nos estudos de nosso Dr. Núbor, que é um dos pioneiros do Espiritismo no campo acadêmico, mais propriamente na Unicamp, onde fundou o "Instituto do Cérebro". Apenas a título de enriquecimento, ele afirma em seu já citado livro que, *"em algum momento, o **Homo** passou a utilizar as mãos para sinalizar seus comportamentos e expressar seus desejos. Criando os gestos com as mãos, o Homem deve ter expandido rapidamente a comunicação entre os seus parceiros"*.

— Dos gestos com as mãos – aduziu Odilon – passou, depois, a emitir sons, dando origem à fala – a escrita surgiria muito tempo mais tarde! Antes da escrita, o homem desenhava, expressando, nas paredes das cavernas, as suas emoções e os seus pensamentos.

— Até hoje – falei –, quase ninguém consegue se expressar verbalmente sem recorrer ao auxílio dos gestos – escrever é uma atitude gestual!

— Desta maneira, o cérebro, sendo exercitado, foi se expandindo, desenvolvendo áreas de importância fundamental. Dentro deste contexto, vale ressaltar o surgimento do **neocórtex**, ou do novo cérebro – o cérebro do futuro, localizado na região dos lobos frontais!

— Odilon – comentei –, interessante o que o Dr. Núbor nos diz sobre a experiência de se pesar o cérebro de um jovem e depois de 50 anos tornar a medir o seu peso... Segundo constatações, há uma diminuição de quase meio-quilo de massa cinzenta! É por isto, Manoel, que você, do ponto de vista cerebral, está desidratado...

Domingas, Modesta e Paulino desataram a rir.

— Ué, Doutor, isto é só comigo?!

— Não é só com você, não, mas com você é mais, ouviu, Manoel!

Agora foi a vez do próprio Manoel se sacudir, de tanto rir.

— Bem – voltei a falar sério –, feita esta pequena descontração a respeito do cérebro contraído do Manoel, que perde cerca de cem mil neurônios por dia, vamos adiante. Permitam-me apresentar esta síntese de André Luiz, que está aqui no capítulo IV, "Automatismo e Corpo Espiritual", da obra "Evolução em Dois Mundos": *"Os dias da Criação, assinalados nos livros de Moisés, equivalem a épocas imensas no tempo e no espaço, porque o corpo espiritual, que modela o corpo físico, e o corpo físico, que representa o corpo espiritual, constituem a obra de séculos numerosos, pacientemente elaborada em duas esferas diferentes da vida, a se retomarem no berço e no túmulo com a orientação dos Instrutores Divinos que supervisionam a evolução terrestre. Com semelhante enunciado, não diligenciamos, de modo algum, explicar a gênese do espírito, porque isso, por enquanto, implicaria arrogante e pretensiosa definição do próprio Deus"*.

— De fato, Doutor, muito importante este lembrete – frisou Odilon. – No campo do estudo, a gente precisa avançar com muito cuidado, porque, de repente...

— Escorrega numa casca de banana! – exclamei. – Pavoneia-se! Começa a se achar "o rei da cocada preta"! Quebra a fuça – e... lamentável!

— Doutor – testemunhou Domingas –, eu, que não sou nada, de quando a quando sou assaltada por pensamentos de que sou a tal – só porque estou aqui com vocês estudando "A Gênese"! Tais pensamentos chegam e não querem ir embora... O que o senhor me aconselha?

— Escolha um poste de cimento e meta a cabeça nele – até um dos dois quebrar: o poste ou a cabeça!

A turma riu a valer e eu completei:

— Estou é receitando a você, minha cara, a receita que prescrevo para mim... Quando eu quero incorporar uma vedete, que não tem as pernas das famosas mulatas do Sargentelli – que Deus o tenha! –, é assim que eu ameaço proceder! Corro para o poste mais próximo, mas os meus obsessores, temendo pela minha integridade, porque haverão de ficar sem o freguês, me deixam, transitoriamente, em paz... Então, eu volto a ser o Inácio medíocre de sempre, mas, pelo menos, sem tanta loucura na cabeça!

Retomando os nossos estudos e reflexões sobre "A Gênese", demos início aos comentários sobre o capítulo XI, "Gênese Espiritual", no qual Kardec procura descrever a evolução do *"princípio espiritual"*, ou *"princípio inteligente"*. Há pouco tempo, alguém me enviou uma carta, dizendo que o termo *"princípio espiritual"*, empregado por mim em uma de nossas obras, estava errado – ora, o termo, indistintamente, é utilizado por Kardec para também designar o chamado *"princípio espiritual"*.

— Neste capítulo – disse –, o Codificador aborda os temas: "Princípio Espiritual", "União do Princípio Espiritual e da Matéria", "Hipótese sobre a Origem dos Corpos Humanos", "Encarnação dos Espíritos", "Reencarnações", "Emigrações e Imigrações dos Espíritos", "Raça Adâmica" e "Doutrina dos Anjos Decaídos". Conforme percebemos, são muitos assuntos relevantes e não vamos nos apressar.

— Doutor – destacou Odilon –, Kardec, no segundo parágrafo, começa afirmando que *"o princípio espiritual é o corolário da existência de Deus; sem este princípio, Deus não teria razão de ser, pois não seria mais possível conceber a soberana inteligência reinando durante a Eternidade unicamente sobre a matéria bruta..."* De fato, trata-se do corolário da existência e da sabedoria do Criador! A vida humana, sem a sanção da Imortalidade, seria bem menos que uma pedra ou uma árvore, que chegam a existir por milênios...

— Eu já cheguei a pensar que ser uma árvore milenar, no sossego da floresta, é bem melhor que ser gente...

— Seria, minha cara, mas a coitada da árvore não sabe o que a espera – um dia também ela há de ser gente!

— Como acrescenta o Codificador, *"sem a sobrevivência do ser pensante, os sofrimentos da vida seriam, da parte de Deus, uma crueldade sem objetivos"*.

— Odilon – comentei –, na verdade o homem faz muito drama com o próprio sofrimento... A dor, em todos os aspectos, é benéfica. Gosto muito de uma colocação de Ubaldi, em "A Grande Síntese", quando ele diz mais ou menos assim: "No *mundo subumano*, a dor é derrota sem compaixão..."; no *mundo humano*, a consciência desperta, pesa e reflete..."; no *mundo super-humano* (...), a dor perde seu caráter negativo e maléfico e transforma-se numa afirmação criadora..." Mais à frente, concluiu: "O conceito de *dor-prejuízo* e de *dor-mal* evolui, deste modo, por gradações, para o de *dor-redenção, dor-trabalho, dor-utilidade, dor-alegria; dor-bem, dor-paixão, dor-amor*".

— Em essência, é o que Espiritismo diz e desdobra explicações, com base no que proclamou Jesus: *"Bem-aventurados os que choram, pois que serão consolados"*!

— Como muito bem esclareceu Kardec – enfatizou Modesta –, *"à ideia intuitiva e à potência do raciocínio, o Espiritismo vem acrescentar a sanção dos fatos, a prova material da existência do ser espiritual, de sua sobrevivência, de sua imortalidade e de sua individualidade..."*

— Sem a Imortalidade – ponderou Paulino –, todas as religiões, que se baseiam na crença da sobrevivência, seriam nulas – toda essa cultura de fé, que tanto tem colaborado com os valores da civilização, não teria sentido. Sem um norte de natureza espiritual, o homem, talvez, até hoje, não tivesse saído da caverna...

— Poderia até ter saído – opinou Modesta –, mas para lá teria, imediatamente, voltado...

— Não resta dúvida – pontificou Odilon –, que, neste campo, o da Imortalidade, o Espiritismo, como considerou o Codificador, vem em auxílio das religiões, através das provas oriundas da experimentação mediúnica. Infelizmente, por interesses que não nos cabe discutir no momento, as religiões dominantes sufocaram a profecia e intentaram impor silêncio às vozes de Além-Túmulo!

— Graças a Deus, porém, não lograram êxito – considerei. – Queimaram milhares de médiuns, mas, com eles, iluminaram as trevas da Idade Média e descerraram as portas ao Iluminismo, que deu ensejo à *movimentação espiritual* sem precedentes na História da Humanidade, que culminou com a Codificação Espírita!

— E esta *movimentação* – frisou Modesta – é irreversível!

— Louvado seja Deus! – exclamou Domingas.

— Deixem-me ler o último parágrafo da inspiradíssima lavra do Codificador: *"Antes que a Terra existisse, mundos tinham sucedido a mundos, e quando a Terra saiu do caos dos elementos, o espaço era povoado por seres espirituais em todos os graus de progresso, desde aqueles que nasciam para a vida, até aqueles que, de toda a eternidade, haviam tomado lugar entre os puros Espíritos, vulgarmente chamados anjos".*

— Nós, então?...

— Nós, Domingas – respondi –, na dimensão em que existimos, somos menos que uma cabeça de alfinete... Vejamos bem: *"quando a Terra saiu do caos dos elementos, o espaço era povoado por seres espirituais em todos os graus de progresso"* – seres que já se haviam angelizado e seres que mal haviam acabado de nascer! E de nascer no Mundo Espiritual – não em um planeta de matéria mais grosseira! O espírito nasce num mundo consentâneo com a sua natureza íntima e ali ganha corpo!...

— Que beleza!...

CAPÍTULO 32

— Agora – convidei – vamos tratar da questão concernente à "União do Princípio Espiritual e da Matéria" e, para me valer de terminologia moderna, fazer um *link* com o próximo assunto: "Hipótese sobre a Origem do Corpo Humano". Este tema, evidentemente, é novo para a Ciência! Até aqui, em nossos estudos, percebemos que Kardec recorreu a muitas informações contemporâneas, advindas das pesquisas efetuadas.

— Vamos falar do perispírito – considerou Odilon –, ou do corpo espiritual, como elemento intermediário entre o ser inteligente e a matéria grosseira. Em sua Primeira Epístola aos Coríntios, capítulo 15, versículo 44, Paulo escreveu: *"Semeia-se corpo natural, ressuscita corpo espiritual. Se há corpo natural, há também corpo espiritual".*

— Se me permitem – disse –, o perispírito, entre os egípcios, desde épocas imemoriais, era conhecido pelo nome de *"Khá"*; os platônicos o denominavam de *"Okhêma"*; no Budismo, é chamado de *"Kamarupa"*... E vai por aí afora.

— Hipócrates, Doutor – emendou o Diretor do "Liceu" –, o chamava de *"Eu astral";* Paracelso, de *"Corpo astral"*...

— Leibniz, grande filósofo alemão que nasceu em 1646, o rotulava de *"Corpo fluídico"*...

— Então – concluiu Domingas –, o assunto não foi "inventado" por Kardec?...

— Claro que não foi! – respondi. – No entanto ninguém se aprofundou tanto no estudo da natureza e das propriedades do perispírito quanto Kardec teve oportunidade de fazer, apontando-o, inclusive, como "Modelo Organizador Biológico" – termo que era muito empregado por nosso amigo Dr. Hernani Guimarães Andrade.

— Kardec – continuou Odilon –, no capítulo em questão, escreveu de maneira magistral: *"Para ser mais exato, será preciso dizer que é o próprio espírito que fabrica o seu envoltório e o torna adequado a suas novas necessidades..."*

— Quer dizer que?... – interceptou Manoel, procurando melhor entendimento.

— O corpo físico – elucidei – é reflexo do corpo espiritual – quanto mais grosseiro o corpo espiritual, tanto mais grosseiro o corpo material. O perispírito é o corpo de transcendência – o corpo material é o corpo de imanência! Tanto um quanto o outro ainda estão em evolução!

— O perispírito ainda está se aperfeiçoando? – indagou Paulino.

— Sem o aperfeiçoamento do perispírito, o corpo físico não se aperfeiçoaria, todavia – frisei – temos aqui um via de dupla mão: cuidar do corpo físico também significa cuidar do corpo espiritual!

— A lâmina gasta a pedra, mas a pedra afia a lâmina?...

— Exatamente, Modesta! – retruquei. – E não poderia ser de outra maneira, já que esta é uma lei tanto para as conquistas de ordem moral quanto de ordem física!

— Posso, então, afirmar – concluiu Paulino – que o corpo espiritual, ou perispírito, vem primeiro, ou seja: *nasceu primeiro*?...

— Correto – concordei – e, antes dele, o corpo mental, que é *veículo* ainda mais sutilizado!

— Inácio – aparteou Modesta –, tais raciocínios corroboram a sua tese sobre a Reencarnação no Mundo Espiritual?! Tese – explicou –, evidentemente, para aqueles que estão a examiná-la na Terra, de vez que, para nós, trata-se de fato inconteste...

— Gostaria de concluir a leitura deste parágrafo, que, deveras, é interessantíssimo – solicitou Odilon. – *"... ele* (o espírito) *o aperfeiçoa* (o envoltório espiritual)*, o desenvolve e completa o organismo à medida que* *sente a necessidade de manifestar novas faculdades; numa palavra, ele o talha conforme sua inteligência; Deus lhe fornece os materiais; fica por sua conta colocá-los em função; é assim que as raças adiantadas têm um organismo cerebral mais aperfeiçoado que as raças primitivas. Assim se explica igualmente o cunho especial que o caráter do espírito imprime aos traços da fisionomia e às linhas do corpo".*

— Muito bem! – exclamei. – Desejo, no entanto, fazer duas ressalvas. Primeira: gente há que acha que o espírito, ao passar de um mundo para outro, pelo processo da Reencarnação, toma, **com as mãos** – vejam bem – repeti –, **com as mãos,** uma porção do fluido cósmico universal de cada globo e... reencarna! Por favor, quanta ingenuidade! Precisamos mais bem interpretar a questão de número 187, de "O Livro dos Espíritos", que eu não vou dizer qual é – quem quiser, que vá lá conferir. Inclusive, aproveite para conferir também as questões de números 180 e 183, e, de resto, as questões de número 1 a 1.019 – segundo algumas traduções, a 1.018!

— E qual a segunda ressalva, Doutor? – inquiriu-me Domingas.

— A segunda é a seguinte: não infiram do texto de Kardec – aliás, brilhante como sempre! – qualquer alusão à chamada "eugenia"... O Codificador tem sido injustamente acusado de racista, por conta da interpretação equivocada de alguns textos de sua lavra. A conclusão é óbvia: corpo espiritual mais evoluído gera, intrinsecamente, um corpo físico mais evoluído! Não tem nada a ver com pigmentação, cor de pele... Isto é coisa de adversários da Doutrina!

— E mesmo porque, Doutor – ponderou Domingas –, a miscigenação tomou conta do mundo – *tem* sangue de tudo quanto é raça correndo em todas as veias!

— Graças a Deus, minha cara – exclamei –, graças a Deus! Vejamos bem: se assim fosse, Jesus não teria corpo compatível para o seu espírito sobre a Terra... No entanto, Ele se sujeitou a reencarnar como descendente de um povo que, cá entre nós, não tinha cabelos louros e nem olhos azuis...

— E depois, Doutor – tornou a companheira –, os maiores criminosos da História pertencem à chamada raça ariana...

— Infelizmente – espero que ninguém diga que seja implicação minha –, a Igreja também tem culpa nisto – a Igreja, sim, sempre foi racista! Até hoje, ao que sei, não tivemos um Papa negro, a não ser o geral dos jesuítas, que assim é conhecido por se trajar de batina e outros "predicados" que não convém aventar...

— Posto isto – observou Odilon –, passemos ao próximo parágrafo, o qual, igualmente, nos suscita muitas reflexões. Temos aqui no item 12: *"**Desde que um espírito nasce na vida espiritual** (destaquei), para seu progresso, deve fazer uso de suas faculdades, as quais são a princípio rudimentares; é por isso que ele é revestido de um envoltório corporal apropriado a* *seu estado de infância intelectual, envoltório este que ele deixa para se revestir de outro, à medida que suas forças aumentam".*

— Então, o espírito?...

— Não poderia, Domingas — respondi —, nascer em outro meio que não fosse compatível com a sua natureza! O espírito nasce é na Vida Espiritual, onde adquire o corpo que o delimita e, por assim dizer, preserva a sua individualidade — a sua primeira encarnação é na Vida Espiritual! A primeira encarnação e infinitas outras mais, na jornada evolutiva que empreende para Deus!

— A chamada "mônada" — considerou o Instrutor —, que é o *princípio inteligente* nasce na Vida Espiritual, em estrutura tão simples e, ao mesmo tempo, em estrutura tão complexa quanto é a estrutura de um átomo ou de uma célula! Vale a citação, de André Luiz, em "Evolução em Dois Mundos", discorrendo sobre "Células e Corpo Espiritual": *"Com o transcurso dos evos, surpreendemos as células como princípios inteligentes de feição rudimentar, a serviço do princípio inteligente em estágios mais nobres nos animais superiores e nas criaturas humanas, renovando-se continuamente, no corpo físico e no corpo espiritual, em modulações vibratórias diversas, conforme a situação da inteligência que as senhoreia, depois do berço ou depois do túmulo".*

— Não desejando, Odilon — falei —, me alongar com citações, eu não posso deixar de colocar em destaque o que o próprio André Luiz, em seu trabalho admirável, registrou páginas adiante: *"... o princípio inteligente gastou, desde os vírus e as bactérias das primeiras horas do protoplasma na Terra, mais ou menos quinze milhões de séculos, a fim de que pudesse, como ser pensante, embora em fase embrionária da razão, lançar as suas primeiras emissões de pensamento contínuo para os Espaços Cósmicos".*

— Que maravilha o drama da Criação! – exclamou Domingas, qual habitualmente o fazia. – Eu fico encantada! Quinze milhões de séculos! E a gente se apegando à fugacidade do minuto!...

— Todavia – retruquei – não nos esqueçamos de que o minuto é o berço do milênio!

— Chegamos, assim – prosseguiu Odilon –, à "Hipótese sobre a Origem do Corpo Humano", que até hoje é motivo de polêmicas infindáveis por parte da Ciência...

— Neste campo – acentuei –, Kardec foi extremamente corajoso e escreveu sem meios termos: *"Corpos de macacos teriam sido muito adequados a servir de vestimentas aos primeiros espíritos humanos, necessariamente pouco avançados, que vieram a encarnar-se na Terra..."*

— Doutor – inquiriu Manoel –, falando claramente, o que Kardec quis dizer?

— Quis dizer que, de fato, o *princípio inteligente* albergou-se no corpo do macaco, que, a partir do fenômeno da reprodução, deu origem à raça humana... Deixem-me explicar melhor – solicitei. – A resposta à sua pergunta, Manoel, será dada com uma explicação de Chico Xavier, que a deu, após o término de uma sessão do "Grupo Espírita da Prece", a vários amigos que estavam em sua casa.

— Eu soube disto, Doutor – endossou Domingas. – Inclusive, alguns dos presentes efetuaram anotações que, posteriormente, publicaram – não com todos os detalhes da explicação de Chico, que corrobora o que Kardec diz a respeito em "A Gênese". Se o senhor me permitir, posso ler o que um de meus amigos anotou...

— Vá em frente – disse eu.

— Chico explicou o restringimento do corpo espiritual, ou perispírito, que o reduz ao tamanho de um mícron... Quando ocorreu o relacionamento sexual dos chimpanzés, na hora da fecundação, a Espiritualidade Superior, através de Espíritos de alto gabarito, fez com que a fêmea "ingerisse", digamos, aquela "drágea anímica"...

— Então, a fecundação, que viabilizou a reencarnação do *princípio inteligente* aconteceu via oral, ou seja, a fêmea do chimpanzé "engoliu" o que você chamou de "drágea anímica"?...

— Sim! Segundo Chico, o chimpanzé fêmea emprestou o seu útero àquela fecundação, por assim dizer, *in vitro*... Evidentemente, isto aconteceu com vários casais de chimpanzés ao mesmo tempo – dali para frente, óbvio, os chimpanzés continuarem gerando chimpanzés... Houve uma bifurcação!...

— É o que Kardec escreveu aqui – destacou Odilon. — *"O espírito do macaco, o qual não foi aniquilado, continuou a procriar corpo de macaco para seu uso, tal como fruto da árvore silvestre reproduz as mesmas; e o espírito humano procriou corpos humanos, variantes do primeiro molde onde se estabeleceu. O tronco se bifurcou; produziu vergônteas, que se tornaram troncos"*.

CAPÍTULO
33

Os nossos estudos sobre "A Gênese" prosseguiam animados – estávamos aprendendo muito, ampliando conceitos e renovando ideias. A nossa reverência pela Vida crescia a cada dia, e a nossa vontade de servir aumentava, de maneira gradativa.

— Então – dei continuidade à exposição –, deduzimos que o espírito, ou seja, nós mesmos, ainda estamos trabalhando na elaboração do próprio corpo – Deus trabalha na criação do Universo, que, por assim dizer, é o seu "corpo", e nós trabalhamos na construção do corpo físico, que é o nosso universo particular... À medida que o cérebro se expande e se torna mais complexo, os órgãos que nos constituem o veículo de manifestação vão se retraindo – o cérebro encampa as suas funções, e a tendência natural é que, ao longo dos milênios, eles tendam a desaparecer! Criados simples e ignorantes, *do tamanho de um mícron*, a evolução nos reconduzirá ao estado natural da Criação, com a diferença de que habilitados a amar e saber!

— Doutor – inquiriu Manoel –, qual o tamanho de um *mícron*?

— Um *mícron* ou *micrômetro* é equivalente à milésima parte do milímetro!

— Nossa! – exclamou Domingas. – A gente, então, praticamente, não existe!...

— Já falamos sobre o assunto em reuniões anteriores – disse eu –, mas nunca é demais lembrar, principalmente numa época em que o homem quer ser mais do que é...

— E ser mais do que os outros!

— Está aí, literalmente, o que disse Jesus: *"... aquele que não receber o reino de Deus como uma criança, nele não entrará"*! Não entra, porque não cabe – o reino de Deus tem exatamente este tamanho, e por isto está em toda parte! Em termos espirituais, não é o grande que ocupa espaço – é o pequeno!

— Hoje, mais especificamente – anunciou Odilon, que dividia comigo a responsabilidade de conduzir os estudos em grupo –, falaremos sobre a "Encarnação dos Espíritos". Permitam-me ler um pequeno trecho para, em seguida, colocar o tema em discussão: *"Quando o espírito deve se encarnar num corpo humano em vias de formação, um laço fluídico, que nada mais é senão uma expansão do perispírito, o liga ao gérmen em cuja direção ele se sente atraído por* *uma força irresistível, desde o momento da concepção. À medida que o gérmen se desenvolve, firma-se o laço; sob influência do **princípio vital material do gérmen**, o perispírito, que possui certas propriedades da matéria, se une, **molécula a molécula**, ao corpo que o forma; daí se pode dizer que o espírito, por intermédio de seu perispírito, de alguma forma toma **raiz** no gérmen, como uma planta na terra. Quando o gérmen está inteiramente desenvolvido, a união é completa, e então ele nasce para a vida exterior".*

— Naturalmente, Kardec descreve o processo em seus princípios gerais... Sabemos, com André Luiz e por experiência própria, que cada reencarnação é assinalada por certas peculiaridades – o processo reencarnatório vai depender da condição de lucidez do espírito que se candidata à nova experiência no corpo.

— O que quer dizer, Doutor?! – interrogou Paulino.

— Quer dizer, meu filho, que o processo reencarnatório de um espírito, por exemplo, da evolução do Cristo, ou mesmo bem mais abaixo, não acontece de maneira igual à que ocorre com um espírito comum! Isto é óbvio.

— No livro "Missionários da Luz" – falou Domingas –, onde nos deparamos com maravilhoso estudo sobre a Reencarnação, André Luiz pergunta se o caso de Segismundo, o espírito reencarnante, seria regra geral para todos os casos. Alexandre, o sábio Mentor, respondeu: *"De modo algum, **os processos*** *de reencarnação, tanto quanto os da morte física, diferem ao infinito* (destaquei), não existindo, segundo cremos, dois absolutamente iguais. *As facilidades e obstáculos estão subordinados a fatores numerosos, muitas vezes relativos ao estado consciencial dos próprios interessados no regresso à Crosta ou na libertação dos veículos carnais. Há companheiros de grande elevação que, ao voltarem à esfera física mais densa em apostolado de serviço e iluminação, quase dispensam o nosso concurso. Outros irmãos nossos, contudo, procedentes de zonas inferiores, necessitam de cooperação muito mais complexa que a exercida no caso de Segismundo".*

— Aproveito, minha irmã – aparteou Modesta –, para dizer que o seu livro "A Lei da Reencarnação" muito me ensinou e tem me ensinado.

— É bondade da senhora – respondeu a confreira, curvando a fronte. – A verdade é que, sem o concurso do Dr. Inácio e do Dr. Odilon, eu não o teria escrito.

— Parágrafos adiante – tornou Odilon, que agora manuseava o "Missionários da Luz" –, vejam que interessante: *"A reencarnação de Segismundo obedece às diretrizes mais comuns. **Traduz expressão simbólica*** (destaquei) *da maioria dos fatos dessa natureza, porquanto o nosso irmão pertence à enorme classe média dos espíritos que habitam a Crosta, nem altamente bons nem conscientemente maus".*

— Conclusão – adiantei-me. – De acordo com o seu grau de evolução, o espírito vai se tornando menos dependente das fases que envolvem o seu processo reencarnatório, existindo espíritos que, por assim dizer, "entram" no corpo que lhe está destinado só na hora de nascer... Outros, no entanto, desde o instante da fecundação perdem a consciência! E mais: existem entidades que, muito antes de ter início o seu processo reencarnatório, já perderam a consciência, entrando em estado de letargia, ou de profunda sonolência.

— Os nossos irmãos – ponderou Domingas – carecem entender o caráter dinâmico da Revelação Espírita e não imaginarem que tudo já possam saber quanto aos processos reencarnatórios... No que tange à desencarnação, por exemplo, existem espíritos que deixam o corpo com enorme facilidade – eles mesmos se desprendem! Outros – a maioria – carecem quase ser "expulsos" pelo corpo em decomposição...

— Permitam-me – disse eu, pegando o livro que estava com Odilon –, *en passant*, colocar para as nossas reflexões esta frase aparentemente isolada dentro do texto: *"Não há criação sem fecundação. As formas físicas descendem das uniões físicas. As construções espirituais procedem das uniões espirituais. A obra do Universo é filha de Deus.* **O sexo, portanto, como qualidade positiva ou passiva dos princípios e dos seres, é manifestação cósmica em todos os círculos evolutivos** (destaquei), *até que venhamos a atingir o campo da Harmonia Perfeita, onde essas qualidades se equilibram no seio da Divindade".*

— Até na esfera dos anjos, Doutor? – arriscou Domingas.

— Se tais anjos ainda não tiverem atingido a Harmonia Perfeita, sim! – respondi. – Qual é o problema? O homem precisa deixar de observar o sexo apenas como expressão de animalidade! As flores fazem sexo – os elementos químicos se relacionam! O problema do homem não está no sexo, que é uma Criação Divina – o problema do homem está na sua sexualidade, ou seja, na maneira como ele utiliza a sua transitória condição...

— Doutor – convidou Odilon –, tornemos a "A Gênese". Este capítulo é sumamente rico! Cada parágrafo deve ser estudado e meditado...

— Ficará como dever de casa para cada um de nós – gracejei.

— Gostaria de colocar em destaque o que o Codificador escreveu: *"... há mundos mais ou menos antigos, em diferentes graus de adiantamento físico ou moral, **nos quais a encarnação é mais ou menos material**..."*

— Sim, existem corpos quase fluídicos – em comparação com os nossos, mesmo agora que envergamos um envoltório menos grosseiro! Interessante que, quanto mais o espírito evolui, mais depressa ele passa a evoluir e, não obstante, ainda está longe da meta a ser alcançada!

— Inácio – inquiriu-me Modesta –, podemos dizer que vivemos em "câmera-lenta"?...

— Este fenômeno – respondi – é muito curioso. O tempo, na realidade, é expressão de natureza mental. No Universo, tudo é relativo. Para espíritos de nossa evolução, o tempo parece não passar... Todavia, para espíritos de mais elevada hierarquia, o tempo passa tão rápido, que parece não existir – como não existe mesmo! Para o Criador, o Universo não tem 13 ou 14 bilhões de anos! Trata-se de uma medida tão absurda, que... desaparece! Compreendi, no entanto, a sua pergunta. À medida que despertamos e começamos a achar que tudo se processa com muita lentidão, vamos ajustando a mente para melhor aproveitamento da oportunidade no justo momento em que ela se nos favorece, entendeu?!

— Com dificuldade, sim – respondeu a companheira.

— Ninguém apressa a própria evolução – elucidou o Instrutor – apenas ajustando os ponteiros da mente às expressões da eternidade do tempo. Evoluir pede muito mais do que isto – pede viver tão qualitativa quanto intensamente! Evoluir é realizar-se!

— Eu ainda vou querer ter um filho assim – brinquei com o amigo, que, para mim, sempre foi como um irmão muito querido.

Ignorando o elogio, Odilon redarguiu:

— Aqui, no item 32 – aliás, a didática de Kardec em dividir os capítulos desta maneira é genial – facilita enormemente a sua assimilação –, está registrado: *"O progresso não foi, pois, uniforme em toda a espécie humana; as raças mais inteligentes naturalmente progrediram mais que as outras, sem contar que os espíritos, recentemente nascidos na Vida Espiritual..."*

— Quer dizer que continuam a nascer espíritos na Vida Espiritual?! – questionou Domingas de propósito.

— Ainda hoje?! – insistiu Modesta com a mesma intenção.

— Kardec – enfatizou Paulino – torna a dizer que o espírito nasce na Vida Espiritual e não sobre a Terra...

— Ele nasce na Vida Espiritual duas vezes – explicou Odilon. – Nasce *enquanto* mônada e nasce quando o *princípio inteligente* alcança a láurea da razão!

— Nasce uma terceira vez – sublinhei. – Nasce em definitivo, quando, por fim, logra a sua integração com o Criador!

— É verdade – concordou o Mentor.

— E pensar que estes que estão nascendo agora – falou Manoel Roberto – podem vir, em termos de progresso, a passar na frente dos que já nasceram há milênios...

— Raramente, mas podem – comentei. – Existe espírito que, quando regride no que tange à forma, transfigurando-se em *ovoide*, perde séculos na reconstituição de si mesmo – muitos, milhares, permanecem estacionários por milênios!

— Meu Deus! – reagiu Domingas, encolhendo-se na cadeira. – A gente tem que orar muito!

— Orar e trabalhar, minha cara! Por tal motivo é que eu mandei providenciar um novo carregamento de vassouras, para não deixar o nosso estoque zerar!

— Doutor – replicou Manoel –, o senhor acredita que, na Terra, *tem* centro espírita em que é difícil achar uma vassoura?! Quando muito, a gente acha uma coitada já toda descabelada, praticamente careca, esquecida num canto...

— E a poeira da obsessão acumulando em toda parte – arrematei –, principalmente na cabeça dos seus dirigentes e frequentadores de mãos desocupadas!...

CAPÍTULO
34

Em prosseguimento aos nossos estudos, destacando o capítulo XI, de "A Gênese", nos dispusemos a comentar, naquela semana, as reflexões de Kardec em torno do tema "Reencarnações", que começa com uma indagação crucial efetuada por ele: *"Sem a reencarnação, como explicar a diferença que existe entre o estado social atual e o dos tempos de barbárie?"*

— O que vocês nos dizem? – interroguei aos amigos, colocando o tema em debate.

— Importante salientar – observou Odilon – que, até o ano 553, a Igreja Católica aceitava a tese da Reencarnação, que, portanto, é muito anterior ao surgimento da Doutrina.

— O Espiritismo não "inventou" a Reencarnação!

— Como também não "inventou", Domingas – prosseguiu o ilustre confrade –, a comunicabilidade entre os Dois Mundos... A Reencarnação é convicção que, naturalmente, emerge da lógica, pois que, sem a pluralidade das existências, a Sabedoria do Criador não se explica.

— O que fez com que a Igreja banisse a Reencarnação de seus artigos de crença? – inquiriu Manoel Roberto.

— Foi no segundo Concílio realizado em Constantinopla, após a desencarnação de Orígenes, um dos mais ardorosos defensores da tese. Foi proclamado então: *"Todo aquele que defender a doutrina mística da preexistência da alma e a consequente assombrosa opinião de que ela retorna, seja anátema".*

— Foi por causa de uma mulher – gracejei. – Vejam vocês quanto algumas mulheres são perigosas... O Imperador Justiniano era casado com Teodora, que tinha muita influência sobre os assuntos do governo e, sem nada entender, se imiscuía até em Teologia. Teodora havia sido uma cortesã e suas antigas colegas, por inveja do posto que ela passara a ocupar, esposa do Imperador, viviam a difamá-la. Sabem o que ela fez? Mandou matar todas as cortesãs de Constantinopla que, dizem, excedia o número de quinhentas!

— Cruzes!

— 500 cruzes, Domingas – uma fileira de cruzes e... de carma, que, com certeza, até hoje não deve ter se extinguido para ela! Mas o seu instinto sanguinário foi além. Os cristãos, que deveriam ter ficado calados, passaram a dizer que, nas vidas futuras, em resgate ao que havia ordenado ser feito, seria assassinada 500 vezes! Temendo a Lei de Causa e Efeito, fez com que o marido, através de uma "canetada", decretasse a sentença de morte da Reencarnação...

— E o Imperador se submeteu? – inquiriu Manoel.

— Cá entre nós, Teodora deveria ser uma mulher fascinante... Todos os adeptos da teoria da transmigração das almas passaram a ser perseguidos e o assunto morreu!

— Meu Deus, como o decreto de um homem pode mudar o curso da História! – exclamou Modesta.

— Repetiu-se, minha cara, a cena do Paraíso, com Eva oferecendo a maçã a Adão...

— Inácio, você está lembrado daquela trova do nosso inspirado Eurícledes Formiga? – devolveu a mentora da fundação do Sanatório Espírita, em Uberaba. – Creio que ela diz mais ou menos assim:

No episódio da maçã,
Fazendo um juízo honesto,
Eva deu uma mordida,
Mas Adão comeu o resto!

O pessoal desatou a rir e eu perdi a discussão.

— Temos aqui – anunciou Odilon, depois que a turma se conteve – outra colocação de Kardec que merece destaque: *"(...) por que, pois, as almas de hoje seriam mais bem dotadas para Deus que as suas antecessoras?"* Vejamos bem. A Humanidade evoluiu –

a Ciência evoluiu, as ideias evoluíram... O homem está saindo da Terra e começando a explorar o Cosmos! Eis a questão: se as almas não evoluem, através das vidas sucessivas, será Deus que evolui?! Ou seja, o Criador é passível de evoluir com a Criação?!

— Odilon – falei –, a sua observação é perspicaz!

— Mas eu não entendi bem, Doutor – replicou Paulino.

— Se as almas de hoje – expliquei – não são as mesmas almas de ontem, as almas de ontem foram criadas por Deus numa situação menos propícia... Começamos, desde já, a questionar a Justiça Divina! Se os homens de agora são outras almas, significa que Deus está criando seres mais perfeitos que já pôde criar! Entendeu?!

— Ficou mais claro!

— Então, será Deus que está se aperfeiçoando na arte de criar – Ele seria um Criador incompleto! A imperfeição é do Criador e não da criatura!

— Ficou mais claro ainda! – redarguiu o filho espiritual de Odilon.

— Defendendo a perfeição do Criador em todos os seus atributos, sem o que Ele não poderia ser o Criador, Kardec escreveu: *"Considerai, ao contrário, que as almas de hoje já viveram em tempos recuados; que elas puderam ter sido bárbaras, como o era seu século, mas que progrediram; que, a cada nova existência, elas trazem a aquisição das existências anteriores; que, por conseguinte, as almas dos tempos* *civilizados são almas não criadas mais perfeitas, mas que se aperfeiçoam **a si mesmas**..."*

— Dr. Odilon – insistiu Paulino –, mas o Espiritismo não ensina que tudo o que existe está submetido à Lei da Evolução?!

— Sim, mas não o Criador! O homem, aperfeiçoando-se, é chamado a cooperar com Deus no aperfeiçoamento de sua Obra! O Universo é a oficina de trabalho do espírito! Agora, não podemos conceber que a criatura imperfeita seja capaz de aperfeiçoar o próprio Criador – isto seria inverter a ordem natural das coisas!

— Aliás, Odilon – interferi –, a ordem que em tudo impera revela a Sabedoria Infinita de Deus! Se Ele tivesse tudo criado, digamos assim, sem necessidade de um "retoque", equivaleria a não ter criado, porque não haveria nenhum trabalho a ser feito! Óbvio que a perfeição está dentro de cada um de nós – cabe-nos, no entanto, manifestá-la, e, para tanto, carecemos das vidas que se sucedem.

— Odilon – perguntou Modesta –, é possível que o espírito realize a sua evolução habitando um único planeta?

— A evolução absoluta, não! – elucidou o Mentor. – O próprio Codificador trata do assunto linhas adiante, concluindo que: *"O espírito deve, pois, permanecer no mesmo mundo, até que ali haja adquirido a soma de conhecimentos e o grau de perfeição que tal mundo comporte".*

— Então – aparteou Domingas –, nada de Júpiter ou Saturno?...

— O espírito humano – tornou Odilon com propriedade – necessita evoluir com a Terra! Eventualmente, ele pode encarnar noutro mundo, inferior ou superior...

— Eventualmente – frisei.

— Quantas vezes, almejando certa melhora em nossa moradia, não submetemos à reforma a casa que habitamos?! Não podemos querer que a obra de redenção da Terra, elevando-se na hierarquia dos mundos, seja empreendida por outros espíritos! Filhos da Terra, como nós abandonaríamos a nossa mãe?!...

— Eu nunca havia raciocinado sob este ângulo...

— Se estamos na construção de nossa "túnica nupcial" para o divino banquete – vocês se lembram da Parábola da Túnica Nupcial, que é a Parábola das Bodas?!... O que é a "túnica nupcial"?! É o corpo espiritual que estamos edificando ou, por outra, o corpo físico que estamos espiritualizando?!

— Quanta complexidade! – exclamou Manoel.

— Não existe complexidade alguma! – rebati. – O problema é que, principalmente os espíritas, fazemos meia-dúzia de caridades e já começamos a sonhar com outros mundos... Isso é balela! Podemos até sonhar com outros mundos, mas inferiores – superiores, não! Se, no dizer de André Luiz, em assunto que já comentamos... Por favor, me emprestem aí o "Nosso Lar" – solicitei, passando a ler o que se encontra inserido logo no capítulo I: *"Enfim, como a flor de estufa, não suportava agora o clima das realidades eternas. Não desenvolvera os germes divinos que o Senhor da Vida colocara em minh'alma. Sufocara-os, criminosamente, no desejo incontido de bem-estar. Não adestrara órgãos para a vida nova. Era justo, pois, que aí despertasse à maneira de aleijado..."* (destaquei)

— Esta questão de "adestrar órgãos", Doutor?...

— Não é a de criar asas para volitar, não, minha cara! É adestrar a mente – a cabeça! Sem cabeça para o Mundo Espiritual, a não ser dormindo, ninguém fica nele!

— Outra colocação de Kardec – disse Odilon –, se me permitem a expressão, fenomenal: *"Para os que seguem na Terra uma carreira normal há, para seu progresso, uma vantagem real em se encontrarem novamente no mesmo ambiente, para ali continuar o que deixaram inacabado, muitas vezes na mesma família ou em contato com as mesmas pessoas, para reparar o mal que se lhes pôde fazer ou para sofrer a pena de talião".*

— Somente neste parágrafo – comentei – temos assunto para falar até que este ano se acabe!... Se, na atualidade, para reencarnar na Terra – para reencarnar com proveito, bem entendido –, não está fácil: precisamos arranjar uma família que nos queira receber...

— Ué, Doutor?!

— Sim, Domingas – sublinhei –, e você sabe disto, porque cada grupo familiar assume compromisso com certos espíritos e, literalmente, na maioria da vezes não existe vaga!

— Sem falar na questão da Genética, não é, Doutor, que também envolve a questão do corpo espiritual?!

— Exatamente! – concordei com a observação. – Se bem que, depois de centenas e centenas de existências, nas mais diferentes condições, já possuímos um "banco de dados" genéticos considerável! Não obstante, a afinidade cromossômica se submete à afinidade de natureza espiritual – não se trata apenas de ter o gene disponível para reencarnar nesta ou naquela família...

— O *gene psíquico* é fundamental! – concluiu Odilon.

— Precisamos ser aceitos integralmente!

— Isto no que diz respeito a reencarnar sobre a Terra...

— Certo, Modesta! – endossei o raciocínio –, onde, inclusive, estamos habituados às Leis Naturais que imperam no Planeta... Por exemplo: os idiomas são diferentes, mas, em maioria, são constituídos pelas mesmas letras do alfabeto! Em determinados mundos, sequer fazemos ideia dos idiomas em que seus habitantes se expressam... Os golfinhos "conversam" entre si, mas quem consegue lhes decifrar a linguagem?!...

— Doutor – alertou Odilon –, no próximo assunto, *"Emigração e Imigração dos Espíritos"*, Kardec desdobra comentários a respeito.

CAPÍTULO
35

— Sim – redargui –, o tema da Reencarnação é vastíssimo. Conforme costumo dizer, a respeito de assunto tão transcendente, por enquanto, só sabemos que o espírito volta ao corpo – os processos e mecanismos da Reencarnação, nos diferentes mundos e dimensões nos quais se cumpre semelhante lei, são quase completamente ignorados por nós.

— Neste sentido – aduziu o Instrutor –, louvores ao Espiritismo, que, através de Kardec e, principalmente das obras de André Luiz, rompeu barreiras e avançou no estudo do fenômeno que os gregos denominavam de *Palingenesia.*

— Aliás, meu caro – falei –, o Espiritismo, que é acusado por alguns de não ser portador de nenhuma novidade, chegando mesmo a dizer que Kardec apenas e tão-somente reescreveu sobre temas conhecidos desde a Antiguidade, se não possuísse mérito nenhum, não há quem possa lhe negar o mérito do aprofundamento do que, até então, era tratado com superficialidade.

— Com superficialidade e sem método de natureza científica – emendou Odilon. – Kardec foi o cientista do espírito! E, convenhamos, ousou muito além da Psicanálise, que examinou e examina a alma circunscrita ao seu envoltório físico. De maneira geral, com todo o respeito, as ciências psicológicas procedem como os cientistas que, em laboratório, efetuam pesquisas com ratos...

— Gostei! – exclamei, feliz com a descontração do amigo. – Você ainda há de me superar...

— Mas é verdade, Doutor! – replicou Odilon, ruborizado. – Não tive a intenção de ironizar...

— Não teve, mas agora é tarde... Você já adquiriu este carma! – gracejei, ante o confrade, que se desconcertava.

— O que eu quis dizer...

— Não emende, que todo soneto emendado fica pior! – continuei implacável.

— Inácio, deixe o Odilon completar o seu pensamento – interveio Modesta.

— Conforme ia dizendo – retomou a explicação o companheiro, que também sorria –, como alguém poderia tirar conclusões sobre o Universo, caso concentrasse análises sobre um modelo do Sistema Solar dentro de uma caixa de papelão?! Infelizmente, este é o comportamento das *ciências* psicológicas em geral, que insistem em dizer que, assim como o fígado secreta a biles, o cérebro secreta o pensamento...

— De minha parte – falou Domingas –, imagino que os cientistas que se ocupam da *anima*, ou seja, de nossa parte psíquica, têm receio do abismo que se lhes escancarará diante do entendimento, mostrando a eles a profundidade de sua ignorância no que tange ao espírito!

— Apoiado! – exclamei. – De quando em quando, você acerta, Domingas – cutuquei, *incorporado* pelo espírito zombeteiro de sempre. – É isto mesmo! Os cientistas têm é medo, porque examinar as coisas dentro da caixa craniana é muito mais simples, não é?! Afinal, é muito mais fácil lidar com apenas 1.300, 1.400 gramas de cérebro, que, de repente, você se ver diante de um *turbilhão* que amedronta! Os labirintos do subconsciente escondem muitos minotauros...

— Minotauros, Doutor?!

— Minotauro, na mitologia grega – expliquei –, era um monstro que tinha cabeça de touro e corpo de homem – ele devorava quem não conseguisse evitá-lo, procurando a saída do Labirinto de Creta, que, segundo dizem, foi projetado pelo arquiteto Dédalo e seu filho Ícaro. Ele, no entanto, acabou sendo morto por Teseu, o herói ateniense!

— Isto tudo?!...

— Isto tudo, Manoel – respondi –, para dizer que, de fato, o homem tem um medo apavorante do *desconhecido* – nós queremos as coisas mais práticas e objetivas. Por tal motivo é que muitos não veem com simpatia a reencarnação no Mundo Espiritual – querem resolver as coisas sobre a Terra mesma, sem se darem o trabalho de reencarnar por aí afora... Tudo bem! É um direito que lhes assiste: a contestação, mas não o desejo de não continuar reencarnando, porque isto é da Lei, e ponto final! A reencarnação, sobre a Terra, ou aonde for, não se cumpre apenas para quem nela acredita ou admite!

— Bem – ponderou Odilon –, após este introito, vejamos o que Kardec escreveu no primeiro parágrafo em que trata da *"Emigração e Imigração dos Espíritos"*: *"Pelas mortes e nascimentos essas duas populações se permutam incessantemente; operam-se, pois, incessantemente, emigrações do mundo corpóreo para o mundo espiritual, e imigrações do mundo espiritual para o mundo corporal..."*

O Diretor do "Liceu" fez uma pausa explanou:

— Até certo tempo atrás, as imigrações do Mundo Espiritual para a Terra eram em maior número que as emigrações da Terra para o Mundo Espiritual – ou seja: reencarnava-se mais do que se desencarnava! A população da Terra só tinha feito aumentar – a Terra, em toda a sua História, nunca contou com uma população numericamente tão expressiva quanto agora: 7 bilhões de habitantes!

— Muita gente tem perguntado de onde é que têm surgido tantos espíritos assim?! – ponderou Paulino, reticente.

— Ora, é simples – respondi. – Vocês sabem que a população flutuante nas dimensões mais próximas da Crosta chega a mais de 30 bilhões! Por mais gente reencarne, ainda fica muita gente por reencarnar!

— E, depois – argumentou Odilon –, conforme os Espíritos Superiores informaram em "A Gênese", *"em certas épocas, reguladas pela sabedoria divina, essas emigrações e imigrações se operam em massas mais ou menos consideráveis, como resultado das grandes revoluções que fazem partir, ao mesmo tempo, quantidades inumeráveis, as quais são logo substituídas por quantidades equivalentes de encarnações".*

— Outra coisa – pedi a palavra. – Vocês sabem qual era o índice de mortalidade infantil no início do século XIX? Se na França, ao que se sabe, o índice era entre 25% a 30%, imaginemos no Brasil?! O espírito tentava reencarnar, mas não conseguia – as crianças eram abandonadas! Eis um dos maiores méritos de Freud, pois foi com ele que a criança passou a ser observada como um ser, psicologicamente, em desenvolvimento! Antes, por exemplo, do advento da penicilina, descoberta em 1928, por Alexander Fleming, um dos maiores benfeitores da Humanidade, após o parto, costumavam desencarnar a mãe e a criança ao mesmo tempo!

— E a gente, na hora de fazer as contas, não leva em conta esse número verdadeiramente absurdo! – pontuou Domingas.

— Em alguns países menos evoluídos, no início do século XX, o índice de mortalidade infantil era superior a 50%! – aduzi. – A criança, quando sobrevivia ao parto sem o menor cuidado de higiene, desencarnava dias ou semanas depois de nascida, porque a prevenção, em termos de alimentação adequada e vacinas, era praticamente nula!

— Equivale – ponderou Modesta em tom de lamento –, a um desastre natural de enormes proporções como um terremoto, que ceifa, de uma só vez, milhares de vidas...

— Ou a uma catástrofe atômica – exclamou Manoel –, como a que ocorreu em Hiroshima e Nagasaki, na Segunda Guerra Mundial!

— Nisto tudo – comentei – precisamos considerar algo relevante: a rigor, somente de um século para cá é que o espírito tem encontrado maior facilidade para reencarnar no orbe terrestre e aproveitar a oportunidade que a reencarnação nos faculta!

— Então – inquiriu Paulino – podemos dizer que, de cem anos para cá, o processo evolutivo da Humanidade se acelerou?

— Sim, podemos – respondi.

— Antes, meu filho – observou Odilon –, o espírito permanecia, no chamado interstício das reencarnações, muito tempo ocioso na Vida Espiritual – não raro, *dormindo* por dezenas de anos! A sua evolução, sem dúvida, se processaria de maneira mais lenta.

— E, se não lhe fosse possível também evoluir no Mundo Espiritual – acrescentei –, ele permaneceria estacionado indefinidamente! Eis aqui outra grande revelação da Doutrina, que se patenteou através das obras de André Luiz: a Vida de Além-Túmulo não é inativa! Por necessidade lógica da Evolução, ela se impõe de maneira ativa, ou seja: o espírito trabalha, e trabalha sempre, porque o Trabalho é Lei da Criação Divina!

— Doutor – aparteou o Mentor –, outro aspecto importante que vale a pena salientar: sem as imigrações de espíritos para a Terra, que sempre acontecem em grupo, o progresso intelecto-moral da Humanidade se arrastaria penosamente... De quando em quando, em obediência a Desígnios de ordem superior, determinados grupos de espíritos tomam corpo no mundo e dão significativo impulso à Ciência, à Arte, à Religião... Tivemos a época áurea dos grandes filósofos, como tivemos a dos grandes compositores, no campo da Música Clássica...

— No campo da Literatura, não é, Doutor?! – ponderou Domingas. – Na Pintura, nas Artes Cênicas, como, por exemplo, no Teatro e no Cinema...

— Os que foram à Terra, no século do chamado Iluminismo, preparar o advento do Espiritismo! – sublinhou Odilon. – Inclusive, tivemos uma grande leva de médiuns contemporâneos notáveis, na Europa e na América do Norte: Andrew Jackson Davis, as irmãs Fox, Daniel Dunglas Home, Florence Cook, as irmãs Baudin, Ruth Celine Japhet, Eusapia Paladino, Madame Elisabeth d'Espérance...

— Todos foram, mais ou menos, contemporâneos! – reafirmei.

— Quando a árvore do Cristianismo nascente foi transplantada no Brasil, escolhido para ser a Pátria do Evangelho (tomara que, de fato, consigamos corresponder às expectativas da Espiritualidade Superior!), vieram espíritos da envergadura de Bezerra de Menezes, Bittencourt Sampaio e Eurípedes Barsanulfo, culminando todo esse processo, de nova "invasão organizada", com a magna presença de Chico Xavier!

— Curioso! – reagiu Domingas, reflexiva.

— Confirmando o que estamos dizendo – comentou Odilon –, o Codificador escreveu em "A Gênese": *"É notável que todas as grandes calamidades que dizimam as populações são hoje seguidas de uma era de progresso na ordem física, intelectual e moral, e, por conseguinte, no estado social dos que vivem naquele determinado povo onde se realizam. É que tiveram por finalidade operar um remanejamento na população espiritual, que é a população normal e ativa do globo".*

— Interessante também – disse Modesta – é que essas imigrações nunca acontecem na mesma região ou no mesmo país.

— Bem lembrado – repliquei. – Isto demonstra que não há favorecimento e privilégio a nenhuma raça em particular. O Egito teve a sua época de glória, a Índia, a Grécia...

— A Inglaterra, a França, os Estados Unidos da América do Norte...

— Até mesmo, minha cara, em tempos mais recuados, a civilização dos maias, dos astecas e dos incas, respectivamente em Guatemala, Honduras, no México, Peru, Bolívia, Chile, Equador...
— Ué, e o Brasil?! – interrogou Domingas.
— Se não fosse o advento do Espiritismo, teria ficado de fora! – ironizei. – Daí acreditarmos que, de fato, através do Espiritismo, esta é a hora espiritual do Brasil!

CAPÍTULO
36

— Quanto é interessante esta questão da "Emigração e Imigração dos Espíritos"! – acentuou Manoel Roberto, que acompanhava os estudos com o máximo interesse. – Agora, isto não acontece pela vontade dos próprios espíritos, não é, Doutor? Evidentemente, existe uma Lei regulando toda esta movimentação...

— Manoel – respondi –, se sobre a Terra, viajando de um país a outro, existem leis a serem observadas pelos homens, imaginemos imigrar de um mundo para outro mundo?! Por exemplo: estamos aqui no Mundo Espiritual – na condição de desencarnados! Temos liberdade para ir a qualquer dimensão deste vasto continente, que é a Vida fora dos limites da matéria densa?!...

— Não, é claro! – respondeu o amigo.

— Para voltarmos à Terra, onde já estivemos tantas vezes, observemos o que tem de acontecer conosco! Precisamos "perder" este corpo e "ganhar" outro! Carecemos de nos tornar novamente criança e, no ventre materno, reconstituirmos o perispírito – sendo que, à exata medida em que o reconstituímos, o corpo físico vai se formando sob a sua matriz!

— Essas imigrações do Mundo Espiritual para a Terra – ponderou Modesta –, deixam de ser tão simples, porque, quando o espírito vem de Dimensões muito altas... Digo assim, porque sabemos que, antes de adentrar o espaço físico da Terra, o espírito que vem de Dimensões Superiores tem que estagiar nas adjacências espirituais do Orbe!

— Modesta – falei, aparteando –, o que você está dizendo tem a ver com a reencarnação de Alcíone, que Emmanuel retrata na magnífica obra "Renúncia", da lavra mediúnica de Chico. Ao dialogar com Antênio, o elevado mentor espiritual a quem comunicava sua decisão de voltar à Terra, ele lhe diz: *"Considerando que partirás não mais ocasionalmente e, sim, para uma transformação sacrificial, que exigirá muito trabalho e renúncia,* ***ficas desde já desligada de tuas obrigações nesta esfera, a fim de te adaptares, vencendo as situações adversas das regiões inferiores que nos separam do mundo, no que, pressinto-o, deverás gastar quase dez anos terrestres"***! (destaquei)

Enquanto os companheiros meditavam, acrescentei:

— Chico Xavier dizia que o próprio Cristo, quando tomou a decisão de descer ao Planeta, começou a caminhar quatro mil anos antes!...
— É verdade! – exclamou Domingas. – Neste sentido, eu mesma tive oportunidade de ouvi-lo, certa ocasião, sem que, infelizmente, na época, conseguisse atinar com a profundidade da informação que ele nos transmitia.
— Aqui em "A Gênese" – observou Odilon –, Kardec afirma que *"essa transfusão que se opera entre a população encarnada e a população desencarnada de um mesmo globo opera-se igualmente entre os mundos..."* – entre os mundos físicos e os mundos extrafísicos! O Codificador chama de "transfusão", mas também podemos entender como "reciclagem"...
— Em que sentido? – perguntou Paulino.
— Não estamos aqui nos reciclando para, mais tarde, reencarnarmos com maior proveito?!
— Sim.
— E, igualmente, não vamos à Terra para fixarmos no espírito determinados valores ou até mesmo para desenvolvê-los ainda mais, regressando ao Mundo Espiritual com significativas aquisições?!
— Compreendo.
— Não nos esqueçamos, Paulino, de que o espírito, por mais esclarecido seja, pode voltar mais engrandecido pelas vitórias obtidas nas refregas do mundo! Vamos ousar citar um exemplo: Chico Xavier! Sem dúvida, ele levou muito para os homens

encarnados, mas, igualmente, trouxe muito para os homens desencarnados!...

— Quer dizer que, por mais evoluído...?

— ...o espírito aprende sempre! – exclamou Odilon ao valoroso pupilo. – Nenhuma experiência é nula. Jesus Cristo, imolando-se pela Humanidade, do ponto de vista espiritual, ainda mais se identificou com o Criador. Você me desculpe citar o Cristo, o que, convenhamos, de nossa parte, é quase uma heresia, pois quem somos para cogitar de sua transcendente condição evolutiva? Não obstante, Ele próprio exclama do alto do madeiro em que expirava: *"Meu Deus, meu Deus, quanto me glorificas"*!

— Odilon – falei –, inclusive, este versículo 46, no capítulo 27 do Evangelho de Mateus, já foi motivo de muitas controvérsias teológicas, porque alguns o traduziram de maneira equivocada – segundo eles, Jesus teria bradado, em agonia: "Meu Deus, meu Deus, por que me abandonaste?" Tradução que não faz o menor sentido e, por assim dizer, desmentiria toda a sua trajetória vitoriosa até ao Calvário!

— Concordo plenamente – retrucou o companheiro. – Tais palavras simplesmente demonstrariam sinal de fraqueza da parte do Senhor, o que é inadmissível!

— Há quem diga que, naquele momento, Ele estaria expressando a sua humanidade; todavia, do meu ponto de vista, trata-se de um sofisma, de uma explicação ilógica para uma atitude que, em nenhuma hipótese, seria consentânea com a sua evolução... Ora, o Cristo, conforme sabemos, é o nosso Governador – o orbe planetário foi plasmado pelas suas mãos sábias e misericordiosas!

— Concluindo as suas considerações – observou Odilon –, Kardec ainda escreve neste parágrafo: *"Há, pois, emigrações e imigrações coletivas, de um mundo para outro. Delas resulta a introdução, na população de um globo, de elementos inteiramente novos; novas raças de espíritos, que vêm se misturar às raças existentes, constituem novas raças de homens. Ora, como os espíritos não perdem jamais o que adquiriram, trazem com eles a inteligência e a intuição dos conhecimentos que possuem; por conseguinte, imprimem seu caráter à raça corporal que vieram animar".*

— Foi o que aconteceu com a chamada "Raça Adâmica" – emendei –, sobre a qual o Codificador comenta na sequência deste capítulo. Vejamos a didática de Kardec! Não foi por acaso que, para trabalhar na organização da Doutrina, se escolheu um pedagogo!

— De conhecimentos, por assim dizer, enciclopédicos – sublinhou Modesta.

— Convém ressaltar – ponderou o Instrutor – que a tese da "Raça Adâmica" se enquadra dentro da "Concordância Universal do Ensino dos Espíritos", porque Kardec não foi o único a admitir semelhante realidade. Logo após a sua desencarnação, verificou-se na cidade de Lérida, na Espanha, o "Círculo Cristiano-Espiritista", de acordo com o que se pode ler na obra "Roma e o Evangelho", de D. José Amigó y Pellicer, ter obtido a mesma revelação.

— Este grupo – esclareci –, constituído essencialmente por eclesiásticos, havia se reunido para combater o Espiritismo, e todos acabaram se convertendo, ou aceitando, pelos canais da mediunidade, o intercâmbio entre os Dois Mundos!

— Kardec desencarnou em março de 1869, e a comunicação mediúnica sobre a "Raça Adâmica", obtida em Lérida, é de março de 1874 – cinco anos depois! A mensagem inserida no volume citado começa assim: *"Donde vieram esses homens, novos no meio dos homens? A Terra não lhes deu nascimento, porque eles nasceram antes de ela ser fecunda. (...) No meio dos homens antigos da Terra descubro homens novos, meninos, mulheres e varões robustos; donde vieram esses homens que nasceram da fecundidade da Terra?"* Ela é assinada por João Evangelista!

— O que quer dizer – perguntou Manoel –, *"antes de ela ser fecunda"*?...

— É que esses espíritos efetuaram a sua evolução noutros orbes – tratava-se de uma raça muito mais adiantada que a raça primitiva, ou seja, que os espíritos, praticamente, "nasceram" com a Terra!

— E por que "Raça Adâmica"? – insistiu o amigo de longa data.

— Porque, segundo Kardec, esses espíritos que vieram de outra esfera deram nascimento à raça simbolizada em Adão! Emmanuel, no livro

"A Caminho da Luz", informa que *"Adão e Eva constituem uma lembrança dos espíritos degredados na paisagem obscura da Terra, como Caim e Abel são dois símbolos para a personalidade das criaturas"*.

— Doutor, podemos então dizer que essas imigrações de espíritos são frequentes no Universo, não?!

— Perfeitamente! – respondi. – Trata-se de uma Lei Natural! Elas acontecem em todos os mundos! O espírito, migrando de corpo a corpo, imigra de mundo a mundo, atravessando infinitas dimensões, até à sua completa integração com o Criador!

— Bela síntese, Doutor! – apoiou Odilon. – A imagem é perfeita!

— De acordo com Emmanuel – prosseguiu –, a "raça Adâmica" trouxe consigo os *"ascendentes das raças brancas"* – o que, em termos universais, não significa que uma raça seja superior à outra pela cor da pele! A raça negra e a raça amarela já existiam na Terra!

— O espírito não tem cor, não é, Doutor?! – aparteou Domingas.

— Não tem cor e nada que possa diferenciá-lo dos demais! – enfatizei. – Nas questões 88 e 88-a, de "O Livro dos Espíritos", Kardec é informado de que os espíritos não têm uma forma determinada, limitada e constante – e, tampouco, cor definida! Dizendo que o espírito pode ser comparado a uma *flama*, a um *clarão*, ou mesmo a uma *centelha etérea*, eles disseram que a sua cor, **para nós** (destaquei), *"varia do escuro ao brilho do rubi, de acordo com a menor ou maior pureza do espírito"*! Na verdade – arrematei – o espírito é um arco-íris!...

— Doutor – comentou a confreira –, hoje o arco-íris tornou-se símbolo do movimento homossexual, que o estampa em suas bandeiras!

— E daí?! – retruquei. – Você sabe o que significa o termo "homossexual"?!

— Determinada preferência sexual, não?!

— A sua interpretação é distorcida – falei. – Em essência, a palavra em questão quer dizer: o ser identificado consigo! Através do outro, ele ama a si mesmo! Mas esta é outra questão, sobre a qual não convém falarmos agora. Estávamos falando sobre o arco-íris, que, na mitologia grega, era um deus hermafrodita, unindo o Céu e a Terra!

— O senhor está querendo dizer que os homossexuais poderiam ser a "semente" de uma nova condição sexual futura do ser humano?!

— Eu não estou querendo dizer nada, Domingas! Não me comprometa! Apenas pediria que você refletisse que, na imagem bíblica, foi Adão que pariu Eva...

A turma sorriu e Odilon, mudando de assunto, exortou-nos:

— Não nos prendamos a esta questão menor de cor da pele! Kardec afirma que *"Adão e seus descendentes são representados na Gênese como homens essencialmente inteligentes, pois que, desde sua segunda geração, constroem cidades, cultivam a terra, trabalham os metais"*. Eram eles suficientemente inteligentes para não descenderem das raças primitivas...

— Então – inquiriu Domingas –, eu gostaria de saber como esse povo nasceu! Se não poderiam descender dos primatas, ou seja, dos seres primitivos que habitavam a Terra, como nasceram?...

— Silêncio! – respondi. – Silêncio profundo e sepulcral! Até hoje ninguém ousou fornecer resposta a tal indagação! Deixemos isto em aberto para os mais estudiosos e mais corajosos que nós!...

CAPÍTULO 37

Na retomada de nossos estudos na próxima reunião, logo após a prece efetuada por Paulino, Manoel Roberto comentou:

— Deus deve nos ter criado para uma coisa muita boa...

— Por que, meu caro, você está dizendo assim?! – perguntei preocupado.

— O drama da Evolução – respondeu. – Atingir as cumeadas da luz, emergindo de tão pesadas sombras, não é nada fácil... A gente não pode ficar pensando muito, não é?

— Então não pense, Manoel! – retruquei. – Preocupe-se em viver e realizar o melhor, desfrutando das alegrias que cada dia nos proporciona... A alegria da descoberta! A cada passo no caminho, se nos descortina um ângulo diferente da exuberante paisagem da Vida!

Você se recorda daquele ensinamento do Cristo? *"Se os teus olhos forem bons, todo o teu corpo terá luz"* – Mateus, capítulo 6, versículo 22!

— De fato – observou Odilon –, a maneira com que enxergamos as coisas faz toda a diferença! Ainda recorrendo à citação do "Novo Testamento", no mesmo capítulo do Evangelho de Mateus, no versículo 23, o Mestre nos adverte: *"... caso a luz que em ti há sejam trevas, que grandes trevas serão!"*

— E que densas trevas serão! – repetiu Modesta, exclamando.

— Como entender este último versículo? – indagou Domingas.

— Se a verdade na qual alicercemos a nossa existência não é a Verdade, a luz que imaginamos possuir não passará de sombra em nós mesmos! – respondi.

— O futuro, no entanto, me preocupa – tornou o devotado enfermeiro.

— O espírito do evangelista Mateus parece estar presente em nossos estudos de hoje – redargui –, porque, no versículo 34, do capítulo mencionado, Jesus nos aconselha: *"... não vos inquieteis com o dia de amanhã, pois o amanhã trará os seus cuidados; basta ao dia o seu próprio mal"*.

— É verdade! – concordou o companheiro que, naquele dia, talvez, andasse saudoso de seus familiares consanguíneos que se encontravam espalhados sobre a Terra e no Mundo Espiritual.

— Manoel – disse Odilon –, você já reparou no tamanho da alegria que sentimos, quando, às vezes, um único acontecimento bom nos visita? Por exemplo, nestas nossas reuniões de estudo de "A Gênese"?...

— Ah, como eu me sinto bem, Doutor! – falou com convicção. – Estar aqui com vocês, que me parecem ser a família do coração. Não obstante...

— Não obstante, Manoel, todos temos os nossos "engastalhos" familiares... Não seremos, acaso, a Humanidade, encarnada e desencarnada, um grande "engastalho" para Jesus Cristo?!

— Eu tremo só de pensar em reencarnar e, de novo, ter que aguentar...

— Domingas – falei –, se você não reencarnar para aguentar, mas, sim, para amar, você não terá que aguentar!

— Inácio, como sempre, você me surpreende com as suas sábias colocações...

— Modesta, isto é "mediunidade" – retruquei, gracejando. – Isto não é meu... Quando o espírito leviano que me assiste se afasta, costumo sentir o "encosto" de um demônio!

— De um demônio socrático! – confortou-me Odilon, sempre generoso para comigo.

— Vamos ao estudo de hoje – convidei. – Sou extremamente vaidoso e nada me deixa com maior medo que um elogio! Prefiro, mil vezes, que me xinguem... Como vocês, evidentemente, não irão me xingar, Odilon, por favor – solicitei –, conduza os nossos estudos de hoje.

— Vejamos, então, o assunto – anunciou, folheando o livro: *"Doutrina dos Anjos Decaídos e do Paraíso Perdido"*! Dentro da sequência pedagógica de "A Gênese", este é o próximo assunto.

— Esta questão é considerada polêmica...

— Mas não há verdadeiro motivo para isto – rebateu Odilon. – Nós, os espíritas, carecemos colocar de lado certos extremismos interpretativos – não podemos nos apegar ao sentido literal das palavras, caso contrário, dentro de pouco tempo, faremos do Espiritismo mais uma doutrina dogmática.

— Arcaica e ultrapassada! – exclamei. – O espírita precisa perder o medo de pensar fora do texto ou de efetuar conjeturas a respeito dele, porque, no dizer de Paulo, na Segunda Carta aos Coríntios, capítulo 3, versículo 6, *"a letra mata, mas o espírito vivifica"*.

— O Codificador – ponderou Odilon –, discorrendo sobre o tema, escreveu que: *"Logo que um mundo alcança um dos seus períodos de transformação que o deve fazer galgar a hierarquia, operam-se mutações em sua população encarnada e desencarnada..."*

— Antes que você prossiga – aparteei o amigo –, permita-me enfatizar: *"mutações em sua população encarnada e desencarnada"* – quer dizer, as grandes emigrações e imigrações de espíritos não se limitam ao

Plano Material. Óbvio, sabemos disto, mas nem todos os encarnados trazem semelhante informação em seu consciente... O chamado êxodo planetário começa por atingir as camadas inferiores do Plano Espiritual! Já tivemos oportunidade de dizer que o Grande Exílio acontece de "baixo para cima" – começa no "Abismo", passa pelas "Trevas" e, por fim, chega à "Crosta"...

— E da Crosta – lembrou Domingas – se estende ao Umbral!

— Por favor, Odilon, prossiga.

— *"Aqueles que, apesar de sua inteligência e de seu saber, perseverarem no mal, em sua revolta contra Deus e suas leis, seriam, a partir de então, um entrave ao progresso moral ulterior, uma causa permanente de dificuldades ao repouso e felicidade dos bons; é por isso que são excluídos e enviados a mundos menos adiantados..."* – Excluídos e enviados como?! – inquiriu o companheiro aos integrantes do grupo. – O que vocês acham?!

— De maneira natural – respondeu Modesta. – Não mais encontrando condições de reencarnar sobre o orbe terrestre...

— Sim – respondeu Odilon –, como será que é feita esta "seleção"?

— Estou me recordando – falei – de dois tópicos importantes que, sem maiores comentários, gostaria de oferecer à nossa reflexão. O primeiro deles se trata da "décima praga", que, curiosamente, está descrita

no capítulo 11, do livro de "Êxodo"... No versículo 5, encontramos: *"E todo primogênito na terra do Egito morrerá, desde o primogênito de Faraó, que se assenta no seu trono, até ao primogênito da serva que está junto à mó, e todo primogênito dos animais..."*
— O primogênito até dos animais?! – exclamou Domingas.
— Isto tudo – continuei – é, no mínimo, curioso. Vejamos bem. Como foi a tão delicada "seleção" dos que deveriam ficar, ou seja, dos que não seriam atingidos por uma das dez "pragas" que Moisés anunciara, em seu esforço para libertar o povo judeu?! No capítulo 12, versículos 7 e 13, a instrução do Senhor a Moisés, a fim de que os primogênitos dos judeus não perecessem com os primogênitos dos egípcios, foi que, ao imolarem o cordeiro pascal, assinalassem com o seu sangue os umbrais da porta da casa dos judeus: *"Tomarão do sangue e o porão em ambas as ombreiras, e na verga da porta, nas casas em que o comerem (...); O sangue vos será por sinal nas casas em que estiverdes: quando eu vir o sangue, passarei por vós, e não haverá entre vós praga destruidora, quando eu ferir a terra do Egito..."*
— Muito curioso – concordou Domingas. – Que coisa! A linguagem simbólica da Bíblia está repleta de verdades...
— Mais tarde – prossegui –, na Primeira Epístola que Paulo escreveu aos Coríntios, no

capítulo 5, versículo 7, ele compara Jesus ao Cordeiro Pascal – a Jesus que havia sido imolado para a libertação espiritual do povo! Moisés libertara os judeus do cativeiro material, que duraram 430 anos! Jesus vinha libertá-los do cativeiro da ignorância espiritual, evidentemente muito mais antiga – até os dias de hoje esta "emancipação" não se consumou totalmente!

Fiz diminuta pausa e continuei:

— No livro do "Apocalipse", capítulo 7, versículo 3, há também uma referência sobre os 144.000 que serão salvos das catástrofes que são anunciadas para a Humanidade – trata-se, é claro, de um número simbólico!

— Ainda que fossem Doutor, 144.000.000, eu não estaria no meio – quanto mais só 144.000! – gracejou Domingas.

— Atentemos para o que nos diz o versículo: *"Não danifiqueis nem a terra, nem o mar, nem as árvores, até selarmos em suas frontes os servos do nosso Deus"*!

E procurando dar ênfase, repeti:

— *"... até selarmos em suas frontes..."*!

— Não danificando a terra, nem o mar, nem as árvores?! – tornou a dileta companheira. – Então, vai ser difícil "selar a fronte" de quem deve ser "selado", porque já está tudo danificado...

— Por tal motivo – repliquei –, a "seleção" mencionada pelo Odilon, talvez, não consiga efetuar mais justa distinção... Quando o "rastelo" for passado, tudo que estiver no mesmo local do "jardim" irá junto...

Houve rápido silêncio e, enquanto o pessoal meditava, acrescentei:

— O segundo tópico que estimaria trazer às nossas reflexões de hoje é extraído do capítulo X, do livro "Obreiros da Vida Eterna", de André Luiz. Lembram-se quando ele se refere ao "fogo purificador"?!

— Claro – respondeu Domingas. – Para mim, é um dos capítulos mais impressionantes da obra!

— A Casa Transitória "Fabiano de Cristo" – clareou Modesta –, dirigida por Zenóbia, acolheria os espíritos libertos daquela região trevosa, onde muitos vinham sendo mantidos em regime de cativeiro...

— Pois bem – falei. – Zenóbia, transmitindo instruções aos cooperadores, a respeito dos que deveriam ser acolhidos, informou a eles, através do Assistente Jerônimo, que *"os sofredores, já modificados para o bem apresentarão círculos luminosos característicos em torno de si mesmos..."*

— Então, nas enriquecedoras citações efetuadas pelo Dr. Inácio, temos – resumiu Paulino: o sangue do cordeiro, o selo na fronte e o círculo luminoso...

— Perceberam?! – indaguei.

— Não nos esqueçamos, porém – elucidou Odilon –, que tais características exteriores manifestam estados íntimos! Este é o significado transcendente!

— Concordo – redargui de imediato. – É isto mesmo!

— Nossa Senhora!

— Ué, Domingas, você virou católica – clamando por Nossa Senhora?!

— Não, Doutor, eu não virei, mas, numa hora dessas, a gente tem que apelar para todos os santos, o senhor não acha?!

— Cá entre nós, minha cara, eu acho, sim!

O pessoal desatou a rir.

— Vocês viram?! – cutuquei. – Na hora do apuro, ela não se lembrou de chamar pelo Dr. Bezerra de Menezes, nem por Chico Xavier...

— Certa vez, Doutor – replicou Domingas, sorridente –, li uma frase mais ou menos assim: *"Pede à Mãe, que o Filho atende"*! Vou apelar para as Instâncias Superiores!...

CAPÍTULO
38

— Neste parágrafo – observou Odilon, se preparando para proceder à sua leitura –, Kardec elucida a sua interpretação dos "anjos decaídos": *"Que serão eles, no meio de tais povos, novos para eles, ainda na infância da barbárie, senão anjos ou espíritos decaídos, enviados em expiação? A Terra **da qual serão expulsos** não será para eles um **paraíso perdido**?"*

— Vejamos se entendi – falou Domingas. – Os espíritos exilados, naturalmente mais desenvolvidos intelectualmente...

— E mesmo moralmente! – frisei.

— ...são considerados, no seio dos povos primitivos nos quais expiam as suas faltas, "anjos decaídos"?! Deixando os mundos mais adiantados, nos quais viviam, têm a impressão de que foram expulsos do Paraíso?!...

— Exatamente – concordou o Mentor. – Foi a partir dessa interpretação algo equivocada que o politeísmo, a crença na existência de vários deuses, se desenvolveu – notadamente, quando a mitologia entrou naquela fase de transição no que se refere à forma dos deuses... Inicialmente, os deuses eram confundidos com as "forças" naturais ou com os elementos da Natureza – o fogo, o raio, a Terra, o Sol... Posteriormente, os deuses foram assumindo forma humana!

— Nascia o antropomorfismo! – exclamei. – Deus feito à semelhança do homem!

— Em essência – aparteou Manoel Roberto –, o homem é que é feito à semelhança de Deus, não?!

— Sim – respondi –, porque o Criador é a "matéria-prima" da Criação, e, sendo Espírito, naturalmente somos o que Ele é!

— Dr. Odilon – inquiriu Paulino –, quanto à teoria dos "anjos decaídos", podemos também interpretar a precipitação do espírito na "matéria", dando início à sua jornada evolutiva, na condição de *princípio inteligente*, como sendo uma espécie de "queda", não?!

— Sim, podemos – nunca existe somente um ângulo a ser analisado, na apreciação da Verdade. – A reencarnação é o espírito fora do seu estado natural! Por isto, a reencarnação é fenômeno transitório – o espírito puro não mais tem necessidade de a ela se submeter!

— Se me permitem – ponderei –, gostaria de acrescentar que, justamente por esta razão, somos denominados "espíritos errantes" – o que, em outras palavras, quer dizer: espíritos em trânsito para a perfeição! Enquanto não atingirmos a plenitude, todos seremos espíritos errantes! A rigor, o único espírito que, sobre a Terra, não estava na "erraticidade" era Jesus Cristo! A encarnação de Jesus entre os homens foi absolutamente voluntária!

— Doutor, uma pergunta...

— Pergunta, "perguntadeira" – gracejei com Domingas.

— Certo, a encarnação de Jesus entre os homens foi absolutamente voluntária! No entanto, noutros mundos, Ele ainda estaria constrangido a reencarnar?! Em relação a mundos superiores, cuja evolução nos escapa completamente à compreensão, Jesus seria um espírito errante?!

— Repito o que, anteriormente, já tivemos oportunidade de comentar: que somos para especular em torno da evolução do espírito do Cristo?! Não passamos de grãos de areia querendo entender o esplendor de uma estrela... Não obstante, para não deixá-la sem a minha opinião, digo que não. Para mim, o Cristo é um espírito em perfeita integração com Deus – "Eu e o Pai somos um"!

— Não temos cabeça para avançar mais – considerou Modesta. – De minha parte, creio até que estamos avançando muito!

— Então a denominação "espíritos errantes"?...

— Pode, Manoel, ser aplicada a todos os espíritos que ainda estão a caminho da Casa Paterna, aos "filhos pródigos" que, depois de terem quebrado a cabeça à vontade, caíram em si e tomaram a decisão de realizar a viagem de volta...

— Kardec – retomou Odilon a palavra – considera o seguinte: *"Porém ao mesmo tempo em que os maus partem do mundo que habitavam, são substituídos por espíritos melhores, vindos talvez da erraticidade desse mesmo mundo ou de um mundo menos adiantado que deixaram por merecimento, e para os quais sua nova residência é uma recompensa".* Temos, então, que espíritos que habitam mundos menos adiantados que a Terra poderão vir habitá-la por merecimento!

— O curioso é que os homens ficam na expectativa de apenas espíritos provenientes das Esferas Superiores se corporificarem no Planeta...

— E não é assim! – frisei. – Assim como, habitando a Terra, que é orbe de provas e expiações, aspiramos a nos promovermos a mundos mais adiantados, espíritos, ao serem promovidos por mérito, podem vir de mundos inferiores ao nosso...

— E, em matéria de evolução – sublinhou Odilon –, podem, inclusive, nos ultrapassar!

— Podem?! – inquiriu Manoel, surpreso.

— Claro que podem – reafirmou o Benfeitor. – Basta, para tanto, que permaneçamos estacionados...

— Assim como você está, Manoel – cutuquei. – Há quanto tempo você vem marcando passo no mesmo lugar, como quem, naqueles imensos tonéis, amassa uvas com os pés para fazer vinho?...

A turma, inclusive o próprio Manoel, riu, e, na sequência, comentei:

— Se a gente não tomar cuidado ou deixar de se empenhar, pode, sim, ficar para trás, em relação àqueles que, por assim dizer, chegaram por último... Reflitamos na Parábola dos Trabalhadores da Última Hora, contada por Jesus, que, tendo sido "contratados" por derradeiro, fizeram jus ao mesmo salário! O pessoal quis reclamar, "chamar o sindicato", mas não adiantou, não! Ainda tomaram uma carraspana danada do Dono da vinha: *"Toma o que te pertence e vai-te; apraz-me a mim dar a este último tanto quanto a ti. Não me é lícito fazer o que quero?"*

— Destaquemos este outro trecho – prosseguiu Odilon. – *"Estas mudanças são algumas vezes parciais, isto é, limitadas a um povo, a uma raça; outras vezes, são gerais, quando o período de renovação chegou para o globo".* Quer dizer: a Terra, antes da Grande Mudança anunciada, vem recebendo elementos para a sua gradativa renovação... A Lei, sendo de Justiça, mas também de Amor, não nos nega oportunidade de mudança – todos nós, cada qual no seu tempo, temos sido chamados...

— "Muitos os chamados, poucos os escolhidos"! – exclamou Paulino.

— Ninguém poderá pretextar ignorância – reafirmei. – Quando fala sobre "o princípio das dores", no Evangelho de Marcos, capítulo 13, versículo 10, Jesus afirma a necessidade de que, primeiro, *"o Evangelho seja pregado a todas as nações"*...

— Mas o Evangelho já foi pregado a todas as nações?!

— Por isto, Domingas, a gente deve ficar com as barbas de molho...

— Bem, eu não tenho barba, nem bigode! – gracejou a companheira. – Isto é com vocês, os homens!

— Está vendo, Odilon, como são as coisas?! Na hora H...

— De certa maneira, ela tem razão, Doutor, porque os homens, em relação às mulheres...

— E o pior é que acho que não dá tempo mais, não é, Odilon?!

— Tempo de quê, Doutor?! – perguntou Manoel.

— De a gente reencarnar mulher e colocar isto no currículo!

Todos desataram a rir e o Diretor do "Liceu", retomando a seriedade que o estudo requeria, explanou:

— Portanto, à mudança parcial, que vem ocorrendo desde muito, haverá de se suceder uma mudança de natureza mais geral – o período de renovação, não mais para uma raça somente, mas para toda a Humanidade!

— Ninguém quer assustar a quem quer que seja – ponderou Odilon –, mas semelhante mudança é necessária – não há quem possa dizer quando acontecerá, todavia, inevitavelmente, acontecerá! Se não acontecesse, por vias naturais, o progresso intelectual vertiginoso, em disparidade com o progresso moral, provocaria o colapso da civilização!

— A respeito dos "anjos decaídos" – comentei –, é maravilhoso pensar que, tendo o *princípio inteligente* se precipitado na matéria, Deus veio atrás dele – Deus veio resgatá-lo! O Senhor se abalou dos confins do Universo, abandonando o trono de sua glória, e se fez homem como os homens!

— Isto é lindo, Inácio! – falou Modesta emocionada.

— Chego até a ficar arrepiada! – endossou Domingas com espontaneidade.

— A "descida" de Jesus à carne é a prova de quanto Deus nos ama! – continuei. – Adão e Eva foram expulsos do Paraíso, mas não condenados ao Inferno!

— Aqui está escrito, Doutor – leu Odilon mais um trecho de "A Gênese": — *"Ao relegar essa raça sobre esta terra de labores e de sofrimentos, Deus teve razão de lhes dizer: 'Tirarás teu alimento com o suor de teu rosto'. Em sua mansuetude, prometeu-lhe que lhe enviaria o **Salvador**, isto é, aquele que deveria clarear seu caminho pelo qual sairia deste lugar de misérias, deste **Inferno**, e chegaria à felicidade dos eleitos. Este Salvador, Ele o enviou na pessoa do Cristo..."*

— Na obra "A Caminho da Luz" – disse Domingas –, redigida em perfeita consonância com a Codificação, Emmanuel escreveu: *"Uma secreta intuição iluminava o espírito divinatório das massas populares. Todos os povos O esperavam em seu seio acolhedor; todos O queriam, localizando em seus caminhos a sua expressão sublime e divinizada.*

Todavia, apesar de surgir um dia no mundo, como a Alegria de todos os tristes e Providência de todos os infortunados, à sombra do trono de Jessé, o Filho de Deus em todas as circunstâncias seria o Verbo de Luz e de Amor do Princípio, cuja genealogia se confunde na poeira dos sóis que rolam no Infinito".

— E Jesus escolheu nascer no chão! – repliquei.
– "Todos O queriam", mas Ele chegou como ninguém esperava: descendendo da menor das doze tribos de Israel! Nasceu no chão de humilde estrebaria, e com a própria Vida descreveu a trajetória que o espírito deve cumprir para a sua libertação!

— Extremamente consolador pensar assim – retrucou Paulino com reverência.

— O espírito do Cristo nos abraça e nos subtrai a influência da matéria – emerge, conosco, das profundezas da escura vala a que nos arremessamos! – exclamou Modesta. – Daí, por nossa vez, termos a mesma obrigação em relação aos nossos irmãos que se demoram na retaguarda... Não podemos ignorá-los, porque, afinal, não é isto que temos aprendido. E, depois, quanto ainda nos falta ascender! Imaginemos se os Espíritos Superiores, de repente, se negassem a continuar nos estendendo as mãos?! Este elo da iluminada corrente de nossa redenção espiritual não pode se quebrar...

— Eis a mediunidade – pontificou Odilon – no que ela tem de mais sublime: do Criador até o verme que se arrasta nas entranhas da terra, tudo se encontra conectado! Os degraus que constituem a escada não existem isoladamente – um serve de alicerce para outro! Assim, devemos viver de mãos estendidas – uma para cima e outra para baixo! Implorando socorro a quem vive no Céu e socorrendo a quem vive na Terra!...

— Linda imagem, meu caro! – concordei com o amigo. – E mais mãos nós teremos do Céu estendidas em nosso favor quanto mais mãos estendermos na Terra àqueles que mais sofrem!...

CAPÍTULO
39

— Terminando o estudo deste capítulo XI, "Gênese Espiritual" – salientou Odilon –, nós precisamos entender que a "Doutrina dos Anjos Decaídos", apresentada por Kardec, não se trata de um retrocesso espiritual, pois o espírito jamais retrograda.

— Sim – procurei enfatizar –, o retrocesso é de ordem social, mas não espiritual – o retrocesso aparente é porque o espírito, então, se revela como ele verdadeiramente é!

— O Codificador – continuou Odilon –, escreveu que, *"à primeira vista, a ideia de decaimento parece estar em contradição com o princípio de que os espíritos não podem retroceder; porém é preciso considerar que não se trata de um retorno ao estado primitivo; o espírito, embora esteja numa posição inferior, nada perde do que adquiriu..."*

— Isto se ele **realmente** adquiriu – enfatizei –, pois muitas das virtudes que os homens ostentam, infelizmente, são virtudes de fachada...

— Direto como sempre, não é, Inácio?!

— Modesta, nós todos conhecemos a bela página que se encontra inserida no capítulo XVII, de "O Evangelho Segundo o Espiritismo", escrita por *François-Nicolas-Madeleine*: *"... o homem que se exalça, que ergue uma estátua à sua própria virtude, anula, por esse simples fato, todo mérito real que possa ter. (...) Mais vale pouca virtude com modéstia do que muita com orgulho"*!

— Então, o espírito, quando cai...

— Em verdade, ele não cai, mas volta a ocupar a posição que lhe pertence! – concluí a frase que Manoel começava a entabular. – Ele pode estar nos píncaros da glória... Se, no entanto, caiu, lá não estava por méritos reais! Imaginou que, assim como ludibria os homens, possa ludibriar a Deus!...

— Doutor – inquiriu-me Paulino –, o senhor crê que o espírito possa disfarçar tanto assim e enganar as leis que nos governam, quanto à autenticidade de sua condição moral?

— Não, meu filho, a lei ninguém engana! Acontece que Deus nos concede tempo para ver se, por nós mesmos, tomamos consciência de nossos equívocos, antes de consentir que rolemos de grande altura e recomecemos a subir...

— Ninguém mistifica a si próprio – ponderou Odilon. – No fundo, a não ser que...

— A não ser que esteja completamente louco – aparteei.

— No fundo – insistiu o Instrutor –, todos sabem o que estão fazendo, quando afivelam uma máscara de santidade ao rosto e se arvoram em pessoas de bem.

— Jesus os desmascarou – repliquei. – *"Ai de vós, escribas e fariseus, hipócritas! porque sois semelhantes aos sepulcros caiados, que por fora se mostram belos, mas interiormente estão cheios de ossos de mortos, e de toda imundícia"*! Mateus, capítulo 23, versículo 27. Foi por combater a aparência de virtude dos fariseus, comparando-os a "sepulcros caiados", que eles também passaram a odiar o Cristo e a tramar a sua morte!

— Infelizmente, tal desfaçatez tem se generalizado – disse Paulino em tom de lamento.

— Desfaçatez! – repeti. – Esta, de fato, é a palavra!

— Claro que, evidentemente, ninguém deve sair por aí anunciando a sua indigência espiritual, mas, por outro lado, não deve se vestir de anjo...

— E nem aceitar o alto em que esteja sendo entronizado! – enfatizei. – Isto é algo que, infelizmente, vem ocorrendo entre muitos adeptos do Espiritismo, que aceitam a bajulação e o elogio, chegando mesmo a provocá-los para si!

— Doutor...

— Domingas – falei –, você estava demorando a se manifestar.

— Não, é que eu estava aqui contrariada comigo mesma, Doutor! Acho que, por muito pouco, estive a perigo diversas vezes – quase que caí em semelhantes esparrelas! Ainda bem que eu era gorda, feia e analfabeta! Caso contrário...

O pessoal sorriu e a querida irmã continuou:

— É isto mesmo: gorda, feia e analfabeta – foi assim que a Providência Divina me protegeu de mim! E, quando comecei a deslanchar mediunicamente, chegando a publicar dois livros, já preparando um terceiro e um quarto, o câncer se anunciou!

— Você não cairia, Domingas – confortou Modesta à companheira de invejável folha de serviços na Doutrina.

— Não cairia, apenas, se eu tivesse a humildade de Chico Xavier...

E contou:

— Certa vez, na fase em que ele estava sendo homenageado com títulos de cidadania e diversas comendas, pelo Brasil, alguns confrades o visitaram para adverti-lo quanto ao perigo da vaidade. Ele, então, disse a eles que não se preocupassem, porque não iria cair... De imediato, o grupo lhe respondeu: — "Você está vendo, Chico?! Só de você falar que não vai cair, isto revela os sentimentos que estão começando a tomar conta de você..." Com simplicidade, ele lhes respondeu: — *"Não, meus irmãos, eu não vou cair, porque eu nunca me levantei!"*

— Nada o enfurecia mais que um elogio – comentei.

— Os homens que se iluminaram no caminho da virtude – observou Odilon – sempre experimentavam grande luta íntima, a fim de não cederem à tentação de que fossem alguma coisa...

Breve pausa se fez em nossas reflexões e o Diretor do "Liceu" prosseguiu:

— Portanto, ninguém cai de onde esteja realmente seguro! Os espíritos em aparente queda, tão-somente, se reconduzem ao lugar que lhes aponta o mérito!

— Doutor, eu penso que os nossos irmãos espíritas, principalmente, aqueles com algum destaque na Doutrina...

— Destaque na Doutrina?! – redargui indignado. – Que destaque é esse, minha cara?! Só se for uma fantasia de palhaço, uma melancia amarrada ao pescoço!... Eu entendi ao que você está se referindo, mas...

— Esses, então, Doutor, que se expõem a perigo maior pela posição que ocupam... Penso que eles deveriam se vacinar com frequência – contra a vaidade, o personalismo, a ambição, o orgulho...

— Concordo – falei. – Todos os dias, com uma agulha bem pontuda, deveriam tomar uma injeção na testa! Em outras palavras, deveriam se exercitar na prática da simplicidade – visitando uma casa assistencial e lá, pelo menos uma vez por semana, servirem como voluntários! Deveriam ir transmitir passes nos hospitais, estar com os pobres na periferia... Deveriam adoecer de quando em quando, padecendo de diarreia, a fim de não se esquecerem de que são portadores de intestinos como qualquer mortal!...

— Eis o Inácio Ferreira! – gracejou Modesta.

— Empunharem uma vassoura, não é, Doutor?! – opinou Manoel que sempre conheceu a minha preferência por semelhante *instrumento* no combate à obsessão contumaz.

— Justo! – respondi. – E de paletó e gravata! Se Chico Xavier, enquanto teve saúde, lavava a sua própria latrina, o que esse pessoal anda querendo?!...

— A "Doutrina dos Anjos Decaídos" rendeu hoje! – exclamou Domingas, esboçando um sorriso.

— Eu vou contar uma coisa a vocês – falei. – Depois, prometo ficar calado e deixar o Odilon concluir. – Vocês sabem o que me ajudava a me conservar em meu medíocre lugar, quando me vinha à cabeça a tentação de que eu era alguma coisa?! O cigarro! Daí vocês não concluam que eu esteja fazendo propaganda deste vício terrível, do qual, durante muitos anos, eu me envergonhei. Mas o ponto é justamente este: quando eu pensava que não conseguia derrotar um cigarro, toda e qualquer insinuação das trevas para que eu me envaidecesse se transformava em fumaça... Era quando, a sós, eu repetia para mim mesmo: – "Inácio Ferreira, você não vale um pito – literalmente, você não vale um pito!..."

— Sinceramente – argumentou Odilon –, nada mais a acrescentar! Depois disto, quem não entender a "Doutrina dos Anjos Decaídos"...

— ...está para lá de caído! – exclamei, não resistindo a mais uma intervenção.

— O assunto é sério – comentou o companheiro, fechando "A Gênese". – A gente brinca, se descontrai, não obstante, o tema nos induz a sérias reflexões sobre nós mesmos! Tanto quanto possível, ninguém deve ostentar virtudes que não possui, nem tornar públicas as mazelas que oculta! Não escandalizemos a quem quer que seja – nem com as nossas falsas virtudes e, tampouco, com os nossos vícios! Que, em nós, o esforço por melhorar seja sincero – um compromisso que assumimos com a própria consciência!

Ao silêncio que, naturalmente, se seguiu, Odilon perguntou:

— Antes de encerrarmos com a prece, alguém deseja tecer mais alguma consideração?

— Eu quero – disse, levantando a mão. – Dentro de um mês será o aniversário de Anastácia. Vocês sabiam?!

— De nossa Anastácia?! – indagou Domingas, pedindo confirmação.

— Sim, de nossa querida irmã – esclareci. – Estamos preparando uma festa-surpresa para ela! Os "mortos" também têm a sua vida social! Espero que os encarnados ortodoxos não nos privem desta alegria... Não estamos no Céu, onde aos anjos apenas é dado cantar – deve ser uma monotonia tremenda! Estamos aqui, nas vizinhanças do orbe terrestre, onde nos é dado cantar e, eventualmente, dançar. Por tal motivo, organizaremos um baile...

— Um baile, Doutor?! – interrogou Paulino.

— Um baile, como dizia Chico Xavier, *pasteurizado*! Quanto possível, teremos a participação dos internos do Hospital e de todos os nossos cooperadores. E, naturalmente, o convite está estendido ao "Liceu"... Não sei se o Odilon permitirá que os médiuns venham dançar!

— Em geral, eles estão bem treinados nisto, Doutor – respondeu o amigo com bom humor. – Já dançam em tantas provações!...

— Eu sou uma "bailarina" de primeira! – gracejou Domingas. – De tanta pancada, aprendi a "dançar" que é uma beleza! – Danço valsa, tango, bolero...

— Você não dançando o *funk*...

— Não é bem do meu tempo, Doutor!

— Bem, deixando a brincadeira de lado, quero comunicar a vocês que, de fato, teremos uma festa em homenagem a Anastácia, pela passagem de mais um ano de seu renascimento na Vida Espiritual. Vocês sabem que ela é fã do Carlos Galhardo, não?!

— Sim – respondeu Modesta. – Eu também gosto muito dele...

— Entramos em contato com ele, o contratamos, a cachê razoável, e ele virá! Peço, pois, a vocês, especialmente ao Manoel, à Domingas e à Modesta que se encarreguem de tudo. A festa acontecerá daqui, exatamente, a um mês. Desnecessário pedir-lhes sigilo, certo?! Será uma festa-surpresa!...

— Ela bem que merece! – todos concordaram em uníssono.

— E uniremos o útil ao agradável! – arrematei.

CAPÍTULO
40

No dia do aniversário de Anastácia, o Hospital estava todo engalanado. Manoel Roberto, Modesta e Domingas haviam caprichado na decoração – simples, mas de extremo bom-gosto. Os internos em melhores condições fizeram questão de colaborar e, de fato, poucas vezes eu vira o Hospital tão bonito.

— Que movimentação é esta, Doutor?! – perguntava-me Anastácia, dias antes, sem nada suspeitar. – Vamos receber visita importante?! Será que teremos a alegria de ter Chico Xavier novamente conosco?!...

— Isto aqui anda muito parado, minha cara – respondia eu, abraçando-a carinhosamente. – Precisamos alegrar um pouco o ambiente, pois a alegria genuína também é remédio para a alma.

— Nossa! – exclamava a humilde cooperadora. – Eu nunca vi tanto capricho... O jardim está lindo!

Inclusive, trocaram os móveis e utensílios da cozinha, e o meu quarto está parecendo o quarto de uma rainha – a cama com acolchoado novo!

— Você merece!

— Até o meu querido filho Benedito, entrando em contato comigo, disse que vai chegar para a festa... Estou tão feliz, pois há tempos que não o vejo!

— Ele tem estudado muito, Anastácia! Benedito há de ser um grande médico!

— Quer se especializar em Psiquiatria – ser igualzinho ao senhor!

— Coitado! Igual a mim, não! Ele precisa ser ele mesmo...

— Ah, o senhor é o pai que ele não teve!

— E você – comentava, desconversando – é a minha analista preferida...

Neste ínterim, Manoel chegava, informando:

— Doutor, alguns doentes estão precisando de roupas novas...

— Não economize – retruquei. – Graças a Deus, não esbanjamos e aqui não existe corrupção, verbas mal-aplicadas... Temos recursos sobrando e, agora, podemos recorrer às nossas economias. Quero todo o mundo nos trinques, inclusive você – por favor, providencie um *smoking!* Nada desse seu jalecão branco, de mau-gosto – a turma lá embaixo acha que a gente não tem guarda-roupas por aqui!

— O senhor é tão engraçado, Doutor!... – comentava Anastácia com simplicidade.

— O problema é que o pessoal imagina que desencarnado não sabe se vestir: está nu ou de roupa branca! Isto, se for espírito razoavelmente bom e esclarecido, pois, se for gente das trevas, estará metida num uniforme feio, de cor pardacenta...

A velha amiga sorria e, com a presença de Modesta e Domingas, eu dizia a ela:

— Você também, Anastácia – quero vê-la trajando um vestido longo, feito especialmente para você! Nada de avental, hem?! Vamos providenciar algo deslumbrante...

— E quem irá servir os convidados, Doutor?! – perguntava. – O meu lugar é na cozinha...

— Não, desta vez não! Você se sentará comigo em minha mesa – é minha convidada especial. Contratamos um artista para um pequeno *show*... Os *mortos* também cantam – e, para tanto, não precisam ser anjos no Paraíso! Aliás, detesto hinos – a não ser que sejam muito bem feitos! Quando alguém abre a boca para cantar um hino, daqueles chorosos, me dá uma depressão terrível!...

Assim, os dias foram correndo e, aos poucos, a reunião festiva se organizando com esmero.

Faltando apenas um dia para o natalício de Anastácia, o seu filho Benedito, agora um simpático e inteligente rapaz, chegara da Universidade que está cursando no Mundo Espiritual.

— Como vão as coisas, meu filho?! – indaguei, feliz por revê-lo.

— Estudando muito, Doutor – estudando e trabalhando! Não me sobra tempo ocioso!

— Graças a Deus! Tempo ocioso é coisa de espírito atrasado, à Inácio Ferreira, que, de quando em quando, ainda gosta de ficar sem fazer nada...

— O senhor?! – replicou Anastácia. – Duvido! Não para um minuto! Eu não sei como é que o senhor dá conta de tanta coisa e de tanta gente! Isto aqui é uma romaria...

— É que eu engano bem – respondi arrancando sorrisos a Benedito, abraçado à sua mãe.

— Doutor, eu queria aproveitar a oportunidade para agra...

Antes que o jovem terminasse a palavra, interceptei-o:

— Então não me desagrade! Se há uma pessoa neste Hospital que tem que agradecer, esta pessoa sou eu – mas, para tanto, eu teria que passar muito tempo de joelhos! E, como dizia Chico Xavier, faz um tempão que a gente não se ajoelha mais – eu já perdi o hábito, e a osteoporose não deixa!

— Anastácia – veio Domingas buscar a amiga –, temos hora marcada no salão de beleza...

— Arrumar as madeixas! – completei.

— Eu?! Num salão de beleza, arrumando os cabelos?!...

— Você tem cabelos, não tem?! Ou, além de nu, o espírito também é careca?! Se você tem cabelos, é preciso penteá-los!

— Vamos, Anastácia! – chamou Domingas, tomando-a pelo braço e endereçando uma piscadela ao rapaz – Você vai ter muito tempo para conversar com o Benedito!

No dia da festa do aniversário de Anastácia, praticamente, eu não dormira à noite. Era madrugada, quando, pessoalmente, comecei a tudo inspecionar.

Havíamos contratado os serviços de um *buffet* e, por este motivo, a minha preocupação central era com a situação dos internos – eu queria que todos estivessem tão bem quanto possível. Nada deveria estragar a nossa festa, ou dar motivo para a turma do contra comentar. Vocês acham que, depois da morte, não existe a chamada "turma do contra"?! Ledo engano! Se existe gente até contra Jesus Cristo?!...

Bati à porta do quarto de Manoel, arranquei-o da cama e, embora ainda estivesse meio sonolento, fiz com que ele me acompanhasse.

— Doutor, o senhor está mais ansioso que todos nós – falou-me. – Não se preocupe. Tudo há de correr bem!

— Você encomendou as flores? Quero flores por todo o Hospital!

— Sim – respondeu.

— A que horas chega o Carlos Galhardo?!

— Uma hora antes do início do *show*. No entanto, o palco já está todo montado. Tranquilize-se.

— Os doentes estão calmos?

— Como nunca!

— Não quero uma única fofoca entre os funcionários...

— Está todo mundo calado – não se ouve um pio!

— Se vocês me estragarem a festa de Anastácia...

— Eu já sei... O senhor *incorpora* um apache e nos escalpela!

— De machadinha em punho!...

O dia correu e a noite não demorou a cair.

Sobre a mesa enfeitada, diante do palco, estava um bolo enorme e lindo, que eu, *com o meu dinheiro*, mandara confeccionar – eu sempre adorei bolos de aniversário!

Faltando quinze minutos para a festa, entrei em contato com Domingas e Modesta pedindo que ambas levassem Anastácia ao meu consultório.

— Minha cara, como você está linda! – exclamei ao vê-la naquele vestido azul claro com suaves detalhes em verde e branco!

— Os sapatos estão me apertando um pouquinho – queixou-se. – Preferiria os meus chinelos, que são mais confortáveis...

— Este é o preço da fama! Aguente, Anastácia! Onde está o Benedito?! – perguntei.

— Está chegando, Doutor.

— Então, vamos – disse eu. – Está tudo preparado, não é?!

— Tudo! – respondeu Manoel que, naquele instante, chegava com o filho de Anastácia vestido elegantemente.

Caminhamos na direção do salão e, sem que a velha amiga de nada suspeitasse, as grandes portas se abriram e o povo, já esperando lá dentro, começou a cantar o tradicional "Parabéns a Você"!

De imediato, lágrimas rolaram pelas faces de Anastácia, a qual grudava no braço de Benedito, que também chorava.

— Doutorzinho – tentou balbuciar, olhando para mim, que, não contendo a emoção, também chorava...

Assim que entramos, Odilon e Paulino, acompanhado pela esposa, a querida Jamile, vieram se juntar a nós, cantando e batendo palmas.

De repente, as luzes do salão se apagaram, com apenas o palco permanecendo iluminado. E, sem que ninguém nada anunciasse, os músicos da banda, se posicionando rapidamente, começaram a tocar.

Anastácia se sentou à mesa reservada para ela, e todos nos sentamos em sua companhia.

Saindo do fundo do palco, por detrás das cortinas que, lentamente, foram se abrindo, Carlos Galhardo começou a cantar com sua voz tocada de sensibilidade:

Os sonhos mais lindos sonhei!
De quimeras mil um castelo, ergui!
E no teu olhar, tonto de emoção,
Com sofreguidão, mil venturas previ...

O teu corpo é luz, sedução,
Poema Divino, cheio de esplendor!
Teu sorriso, prende, inebria, entontece!
És fascinação, amor!

Vivo com o passado, a sonhar
Vendo-te, ainda, em meu coração,
Mas, tudo, promessas, quimeras, mentiras
Da tua fascinação!...

No momento do "bis", Anastácia, instada por Modesta e Domingas, levantou-se da mesa e, num transporte de felicidade, começou a dançar com Benedito, no que, de imediato, foi seguida por diversos outros casais, inclusive por Paulino e Jamile, enquanto Carlos Galhardo, uma após a outra, emendava canções de seu imenso repertório de sucessos na Terra!...

CONHEÇA OUTRAS OBRAS DO AUTOR:

- SOB AS CINZAS DO TEMPO (DIDIER)
- DO OUTRO LADO DO ESPELHO (DIDIER)
- NA PRÓXIMA DIMENSÃO (LEEPP)
- INFINITAS MORADAS (LEEPP)
- A ESCADA DE JACÓ (LEEPP)
- FALA DR. INÁCIO (LEEPP)
- POR AMOR AO IDEAL (DIDIER)
- FUNDAÇÃO EMMANUEL (LEEPP)
- NO LIMIAR DO ABISMO (LEEPP)
- OBSESSÃO E CURA (DIDIER)
- CARTAS DE DR. INÁCIO AOS ESPÍRITAS (LEEPP)
- REENCARNAÇÃO NO MUNDO ESPIRITUAL (LEEPP)
- AMAI-VOS E INSTRUÍ-VOS (LEEPP)
- TERRA PROMETIDA (DIDIER)
- ESTUDANDO "NOSSO LAR" (LEEPP)
- SAÚDE MENTAL À LUZ DO EVANGELHO (LEEPP)
- ESPÍRITOS E DEUSES (LEEPP)
- A VIDA VIAJA NA LUZ (LEEPP)
- TRABALHADORES DA ÚLTIMA HORA (DIDIER)
- JESUS E O ESPIRITISMO (LEEPP)
- O JUGO LEVE (LEEPP)
- O PENSAMENTO VIVO DO DR. INÁCIO (DIDIER)

LEEPP

Livraria Espírita Edições "Pedro e Paulo"
Site: www.leepp.com.br - E-mail: leepp@terra.com.br
Telefone (34) 3322-4873
Av. Elias Cruvinel, 1.202 - Boa Vista
CEP 38070-100 - Uberaba (MG)

editora
DIDIER

CASA EDITORA ESPÍRITA "PIERRE-PAUL DIDIER"
Site: www.editoradidier.com.br - E-mail: didier@terra.com.br
Telefone (17) 3426-8590
Rua Leonardo Commar, 3.179 - Bairro Pozzobon
CEP 15503-023 - Votuporanga (SP)

LIS Gráfica e Editora Ltda.
Rua Felício Antônio Alves, 370
CEP 07175-450 - Guarulhos (SP) - Brasil
Tel.: (11) 3382-0777 - E-mail: lisgrafica@lisgrafica.com.br
Site: www.lisgrafica.com.br